KB267493

건강을 위한 최고의 선택

건강을 위한 최고의 선택

| **초판 인쇄** | 2026년 2월 11일 |
| **초판 발행** | 2026년 2월 28일 |

지은이	유웅서
발행인	조현수
펴낸곳	도서출판 더로드
기획	조영재
마케팅	최문섭
편집	문영윤

본사	경기도 파주시 광인사길 68, 201-4호(문발동)
전화	031-942-5366
팩스	031-942-5368
이메일	provence70@naver.com
등록번호	제2015-000135호
등록	2015년 6월 18일

정가 32,000원
ISBN 979-11-6338-509-7 (13690)

생각 습관과 움직임 습관을 바꾸는 건강 디자인 가이드

건강을 위한 최고의 선택

유웅서 지음

도서출판 **더 로드**
The Road Books

하루의 선택이 건강한 100세 인생을 만든다

"당신이 건강하지 않은 이유는 이 책을 읽지 않았기 때문이다." 도발적인 문장 같지만, 나는 진심으로 이 말을 믿는다. 이 책은 단순히 운동을 가르치는 책이 아니다. **몸의 문제를 넘어 건강이라는 주제를 '하루의 선택'으로 해석한 안내서다.**

우리는 모두 건강하게 살고 싶어 한다. 단순한 그 바람을 현실로 만드는 일은 쉽지 않다. "오늘은 꼭 운동해야지"라고 아침마다 다짐하지만, 밤이 되면 "내일부터 해야지" 하며 미룬다. 건강한 삶이란 병이 없는 상태가 아니라, 신체와 정신, 감정이 조화롭게 흐르는 삶을 의미한다. 이 책은 그 '조화'의 진정한 의미를 이해하고, 우리가 원하는 건강을 실현하기 위해 하루를 사는 동안 실제적이고 구체적인 방법에 대해 이야기한다.

건강은 내일의 약속이 아니라 오늘의 선택이다.

사르트르는 말했다. "인생은 B와 D 사이의 C다." B는 Birth(탄생), D는

Death(죽음), 그리고, 그 사이를 채우는 C가 바로 Choice(선택)이다. 태어나는 것도, 죽는 것도 우리 뜻대로 되지 않지만, 그 사이의 하루하루는 전적으로 우리의 선택에 달려 있다.

티베트의 롭상 스님은 이렇게 말했다. "인생은 결국 단 하루다. 오늘이 전부다."

그렇다. 인생은 먼 미래가 아니라, 매일 반복되는 하루 속에 있다. 건강 역시 마찬가지다. 건강은 다음 달의 목표가 아니라, '오늘의 결정이고 지금의 행동'이다. 우리가 건강을 잃는 가장 큰 이유는 '하루쯤이야'라는 생각 때문이다. 몸은 하루를 기억한다. 하루의 무심한 자세, 하루의 부족한 수면, 하루의 과식과 무운동이 한 달이 되고, 1년이 되고, 결국 병이 된다. **오늘 한 끼 식사, 자세, 움직임, 마음가짐이 내일의 몸과 인생을 만든다. '건강은 하루의 누적과 선택이 쌓여 만들어진다.'**

왜 아픈가?

"나는 왜 이렇게 아플까?" 그 질문의 답은 의학서가 아니라 '습관' 안에 있다.

우리의 몸은 한두 번의 실수로 무너지지 않는다. 수천 번의 잘못된 자세, 수만 번의 불균형이 어느 날 갑자기 통증과 질환으로 나타난다. 그게 바로 '잘못된 편안함의 결과'다.

나는 재활 현장에서 수많은 사람을 만났다. 10년 넘게 병원에서 물리치료사로 일하며 느꼈다. 환자들은 의사의 처방대로 치료를 반복하지만, 며칠 좋아졌다가 다시 악화되는 다람쥐 쳇바퀴 같은 삶을 살고 있었다. 그들은 근본 원인을 해결하지 못한 채, 증상만 잠시 덮는 '응급의학적 건강' 속에 갇혀 있었다. 그 현실이 너무 안타까웠다. 그래서 나는 '초·중·후기 재활을 한 번에 해결할 수 있는 운동센터'인, 액티브코어 운동센터를 20년 전 설립했다. 코어는 단순히 근육이 아니다. 인체의 중심, 자세의 근본, 움직임의 출발점이다. 몸의 문제는 결국 중심이 무너진 데서 시작된다. 그 중심을 회복하지 않고는 진짜 건강은 없다.

몸은 스스로 회복할 수 있는 지혜를 가지고 있다.

30년간의 임상 경험을 통해, 나는 확신하게 되었다. 인체는 생각보다 훨씬 똑똑하다. 단지 그 신호를 무시하고 살아왔을 뿐이다. 통증은 적이 아니라, 몸이 보내는 경고등이다. 그 신호를 제대로 읽고 대응한다면, 몸은 언제든지 스스로 회복할 수 있다. 우리는 그 '자연치유력'을 다시 꺼내야 한다.

가장 훌륭한 치료사는 '문제를 해결해 주는 사람'이 아니라, '스스로 회복할 수 있게 만들어 주는 사람'이다. 이 책의 목적은 바로 거기에 있다. 이 책은 건강

의 지침서로서 일상생활에서 스스로 건강할 수 있게 만들어 주는 안내서다.'

'잘못된 편안함'이 만든 질병의 사회

　문명은 우리에게 편안함을 주었다. 그러나 그 편안함이 우리를 병들게 하고 있다. 움직이지 않아도 되는 세상, 눕거나 앉아서 모든 것을 할 수 있는 세상, 그 속에서 우리의 근육은 점점 약해지고, 척추는 무너지고 있다. 식탁 위의 음식 또한 더 이상 자연의 것이 아니다. 도파민을 자극하는 초가공식품, 인스턴트식품, 화학조미료로 가득 찬 식문화가 우리의 세포를 피로하게 만든다. 그 결과 비만, 당뇨, 고혈압, 만성 피로가 일상화되고, 사람들은 점점 더 병원과 약에 의존하게 된다. 문제는 몸뿐만이 아니다. 정신도 함께 병들어가고 있다. 끝없는 경쟁, 스마트폰의 중독, 자극적인 콘텐츠 속에서 우리는 스스로를 잃어가고 있다. 건강은 근육의 문제만이 아니라 '삶을 대하는 태도의 문제'다.

건강의 네 가지 축 — 정서, 식습관, 수면, 운동

　건강하게 오래 살기 위해 반드시 지켜야 할 네 가지가 있다.

　1. 좋은 정서

　2. 올바른 식습관

3. 질 좋은 수면

4. 꾸준한 운동

이 네 가지는 서로 긴밀하게 연결되어 있다. 그중에서도 나는 특히 운동을 강조하고 싶다. '뇌가 있는 가장 큰 이유는 우리 몸을 움직이기 위해서다.' 운동은 단순히 체중을 줄이는 수단이 아니라, 근육을 깨우고, 신경을 활성화시키며, 호르몬의 균형을 잡는 '움직이는 의학'이다. 운동은 우리의 생명을 스스로 지키는 가장 강력한 도구다. 그 어떤 약이나 치료보다 '꾸준한 움직임'이 우리 몸의 시스템을 되살린다. 이 책에서는 생활에서의 운동, 몸의 문제를 해결할 수 있는 부위별 운동, 전신의 근육과 운동 기능을 강화하는 운동들을 구체적으로 실었다. 한 마디로 건강과 운동의 총집합체다.

건강을 위한 선택 — 하루의 철학

이 책은 30년의 현장 경험과 수많은 사례, 그리고 나 자신이 몸으로 배운 건강의 진실이 응축된 철학서다. 건강은 의지가 아니라, 하루의 선택이다. 오늘의 선택이 쌓여 10년 후의 몸을 만든다. 오늘 내가 건강을 위해 잘 살았다면 그것이 바로 '건강한 인생'을 산 것이다. 롭상 스님은 말했다. "행복한 인생을 꿈꾸지 말고, 행복한 하루를 살아라." 나는 여기에 덧붙이고 싶다.

"건강한 인생을 꿈꾸지 말고, 건강한 하루를 선택하라." 하루를 잘 살면, 인생은 이미 건강하다.

당신이 가진 시간은 오늘뿐이다.

이 책은 한 살이라도 젊을 때 읽으면 좋다. 특히, 체력이 떨어지고 회복이 더딘 중년층에게 권한다. 당신의 몸은 아직 회복할 수 있다. 지금의 선택으로 근육은 다시 만들어지고, 건강한 심신이 되는 것이다. 건강은 운명이 아니라 '결정'이다. 오늘의 선택이 내일의 건강을 만든다.

이 책을 펼치는 순간, 당신은 이미 첫 번째 선택을 한 것이다.
이제 남은 건 하나, 건강하게 살기로 결심한 그 하루를 '실천'하는 것이다.

"몸은 오늘 당신이 어떤 선택을 했는지를 기억한다."

— B.K.S. 아헹가

차 례

프롤로그 4

Part 1 | 소중한 내 건강 지키기

1. 건강을 지키는 것만큼 중요한 것은 없다 16
2. 체력과 운동은 인생의 기본이다 19
3. 무심코 앉는 그 자세, 당신의 몸을 망치고 있다 23
4. 유산소 운동이냐, 근력 운동이냐? 26
5. 코어 운동, 건강을 위한 가장 확실한 투자 30
6. 골반기저근이 약하면 기저귀 찬다! 33
7. 최고의 명약, 마이오카인(Myokine) - 운동이 만드는 기적의 호르몬 37
8. 하체 근육은 건강하고 활기찬 삶의 열쇠 40
9. 조가비핵 - 자동화된 운동 습관의 비밀 44
10. 내 몸에 지은 죄, 멋지게 벌받는 법 49
11. 돌멩이와의 전쟁, 예방으로 승리하자 52

Part 2 | 운동으로 이룬 기적

1. 희망을 잃은 환자의 재활 이야기 56
2. 잃어버린 팔을 되찾다 60
3. 예쁜 옷을 입을 수 있어요 63
4. 전화위복이 된 수술 후 재활 이야기 67
5. 인생을 바꾼 액티브코어 운동센터 71

Part 3 | 잘 먹기

1. 잘 먹고, 잘 쓰자 – 건강한 식습관과 에너지 활용법　76

2. 단백질이 부족하면 아무리 먹어도 약해진다

　– 몸을 지탱하는 영양소 이야기　80

3. 언제 어떻게 먹느냐가 더 중요하다　83

4. 식욕을 다스리는 뇌 사용법　85

5. 당신의 장(腸)이 당신의 기분을 바꾼다 – 행복과 불안은 장에서 시작된다　87

6. 현명한 다이어트 – 건강하고 지속 가능한 몸 만들기　90

7. 뱃살은 습관의 결과, 근육은 최고의 해답이다　94

8. 물은 최고의 선물이다　97

Part 4 | 잘 자기

1. 잠은 몸을 위한 최고의 충전이다

　– 수면이 회복이고, 면역이고, 기억이다　102

2. 꿈은 뇌가 말을 거는 방식이다 – 꿈과 감정 정리의 과학　106

3. 수면과 운동 – 언제 자고, 언제 움직여야 할까?　108

Part 5 | 마음먹기

1. 생각을 지배하자　112

2. 마음먹기가 바꾸는 몸과 삶의 변화　114

3. 스트레스, 내가 만든 감옥이자 내가 가진 열쇠다　118

4. 움직임이 신경계를 치유한다 – 회복을 부르는 뇌와 몸의 연결 훈련　122

5. HIIT로 스트레스를 한 방에 날리자　125

6. 마인드풀 요가 – 스트레스를 잠재우는 부드러운 움직임　127

7. 호흡 혁명 – 건강과 행복을 위한 숨쉬기 비법　130

Part 6 | 유산소 운동 가이드

1. 걷기가 만병통치약은 아니다 – 진짜 건강을 위한 걷기의 올바른 이해　136
2. 이상적인 걷기 운동 방법
   – 매일 하는 걷기, 제대로 해야 내 몸이 지켜진다　139
3. 걷기를 위한 몸 만들기 – 좋은 걸음은 준비된 몸에서 시작된다　143
4. 몸과 마음을 깨우는 최고의 운동, 달리기
   – 당신을 변화시키는 가장 단순하고 강력한 움직임　147
5. 건강을 위한 완벽한 달리기 전략
   – 지치지 않고, 다치지 않고, 오래 달리기 위한 실전 가이드　152
6. 자연과 건강을 동시에 잡는 최고의 운동, 등산　158
7. 등산 전후 준비 운동 및 회복 루틴　162

Part 7 | 악력 운동 가이드

1. 장수를 원한다면, 지금 당장 악력부터 키우자　168
2. 잡는 힘이 곧 사는 힘이다 – 일상을 바꾸는 악력의 비밀　172
3. 철봉 하나면 충분하다 – 최고의 전신 운동, 매달리기 루틴　176

Part 8 | 부위별 운동 가이드

1. 허리 건강을 위한 운동 가이드　182
2. 목 건강을 위한 운동 가이드　199
3. 어깨 건강을 위한 운동 가이드　211
4. 팔꿈치와 손목 건강을 위한 운동 가이드　221
5. 고관절 건강을 위한 운동 가이드　233
6. 무릎 건강을 위한 운동 가이드　246
7. 발목 건강을 위한 운동 가이드　258

Part 9 | 생활 운동 가이드

1. 하루 시작과 함께하는 동안 얼굴 가이드　270
2. 눈 피로 회복을 위한 운동 가이드　274
3. 의자 생활자의 필수 운동법, Sitraining 가이드　279
4. 서서 하는 틈새 운동 가이드　294
5. 전신 균형을 위한 운동 가이드　305
6. 강력한 코어를 위한 복근 운동 가이드　313
7. 최강의 맨몸 운동, 팔굽혀펴기 가이드　326

Part 10 | 세계 최고의 운동

1. 동적 스트레칭　337
2. 다양한 러닝 패턴으로 심폐 기능 강화하기　348
3. 균형 잡힌 몸매를 위한 서서 하는 코어 운동 7가지　352
4. 측면 운동으로 부상 예방과 퍼포먼스 향상　361
5. 강한 하체, 강한 코어를 위한 최고의 운동법　365
6. 부드러운 몸이 만드는 건강, 정적 스트레칭 가이드　375

에필로그　390

참고문헌　392

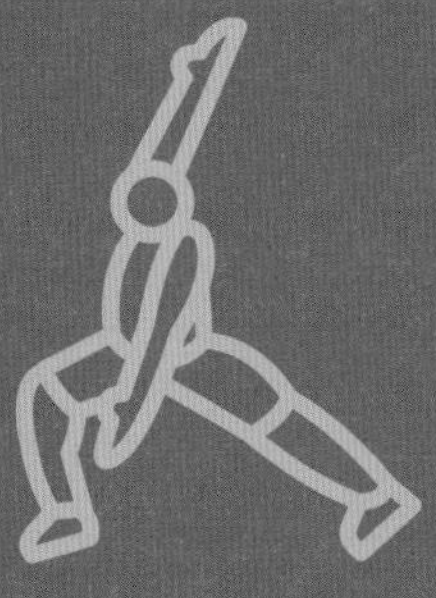

Part 1

소중한 내 건강 지키기

"건강은 잃기 전까지는 그 가치를 모른다."

— 토마스 풀러

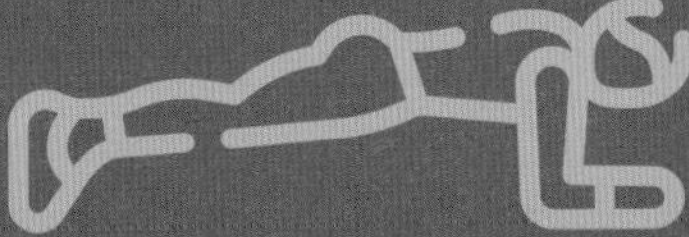

1

건강을 지키는 것만큼 중요한 것은 없다

단순히 오래 사는 것이 아니라 '건강하게' 살아야 한다.

그리스 신화에 나오는 티토노스(Tithonus)의 이야기다. 새벽의 여신 에오스는 사랑하는 티토노스에게 '영원한 생명'을 선물한다. 하지만 실수로 '영원한 젊음'을 함께 빌지 않아, 티토노스는 늙고 병든 채로 영원히 살아야 하는 고통을 겪는다. 이 이야기는 단순히 오래 사는 것보다 건강하게 사는 것의 중요성을 상징한다. 많은 사람이 부모, 배우자, 지인들이 병들어가는 과정을 지켜보며 두려움을 느낀다. 그 대상이 나일 수도 있다는 생각은 더욱 절실하게 다가오게 된다. 하지만 희망은 있다. 우리 몸은 놀라운 회복력을 지니고 있으며, 적절한 운동과 관리를 통해 변화할 수 있기 때문이다. 비록 가족력이 있더라도, 지금부터의 노력으로 충분히 극복이 가능하다.

센터를 찾는 분들 대부분은 이미 사고나 질병으로 고통받고 있거나, 건강을 잃은 뒤에야 그 소중함을 절감한 분들이다. 55세 여성 K 씨도 그런 사례 중 한 분이었다. 그녀는 심한 허리와 다리 통증으로 간신히 센터에 도착했다. 상담실에 들어와 앉는 것조차 어려웠고, 얼굴에는 고통이 가득했다. 1년 전부터 시작된 허리 통증은 시간이 흐르면서 다리까지 저리게 했고, 그녀가 좋아하던 등산과 필라테스는 물론, 간단한 집안일조차 어렵게 만들었다. 장기간의 통증은 신체뿐 아니라 정신 건강까지 악화시켰다. 상담 중 K 씨는 가족에게 미안한 마음과 삶에 대한 무력감에 눈물을 흘리며 "죽고 싶을 정도로 괴롭다"라고 토로했다. MRI 검사 결과, 그녀는 허리뼈 5번 전방 전위증과 허리뼈 4-5번 디스크 탈출증이 있었고, 왼쪽 다리로 방사통이 이어지고 있었으며, 골반도 왼쪽으로 틀어진 상태였다. 이미 여러 병원과 한의원을 다녔지만, 호전은커녕 상태가 악화돼, 수술까지 고려 중이었다.

나는 조심스럽지만 확신에 찬 말로 그녀에게 다가갔다.

"걱정하지 마세요. 좋아질 수 있습니다. 좋아하시던 등산과 필라테스를 다시 하실 수 있도록 도와드릴게요."

영상 결과상 수술이 꼭 필요한 상태는 아니었고, 안정성 근육 강화와 자세 교정만으로 충분히 회복 가능하다는 판단을 내릴 수 있었다. 이보다 더 심한 상태에서도 회복된 사례들을 직접 경험했기 때문이다. 그녀는 내 말을 듣고 표정이 이내 밝아지며 "희망을 주셔서 정말 감사합니다."라며 눈시울을 붉혔다. 누구든 회복은 가능하다. 단, 믿고 실천할 때 가능하다. 센터에서 실시한 자세 훈련, 코어 트레이닝, 가동성 훈련, 밸런스 훈련 등의 재활 훈련을 시작한 지 일주일 후부터 통증이 점점 줄었고, 3개월이 지나자 K 씨는 다시 일상으로 돌아갈 수 있었다. 가벼운 등산도 가능해졌고, 표정은 한결 밝아졌다. 그녀는 이 경험을 "지옥과 천국을 오간 기분"이라고 표현했다. 그는 지금도 꾸준히 센터에서 운동을 이어가며, 건강의 소중함을 몸으로 되새기고 있다.

후회 없는 삶을 위해, 지금 당장 시작하라.

"돈을 잃으면 조금 잃는 것이고, 사람을 잃으면 많이 잃는 것이며, 건강을 잃으면 모든 것을 잃는 것이다." 이 유명한 말처럼, 건강은 인생의 '전부'라 해도 과언이 아니다. 그런데 우리는 과연 이 중요한 건강을 위해 얼마나 노력하고 있는가? 대부분은 시간이 없다는 핑계로, 또는 '내일부터'라는 미루는 습관으로 건강을 뒷순위에 둔다. 하지만 건강은 한순간에 무너지고, 되돌리기는 쉽지 않다. 후회하기 전에, 지금 행동해야 한다.

당신이 건강을 선택할 수 있다.

지금 내 몸 상태, 가족력, 생활 환경을 잘 이해하고, 가장 이상적인 관리법을 찾아 즉시 실천하는 것이 건강을 지키는 유일한 방법이다. 단순한 생명 연장이 아니라, 건강하고 활기찬 삶, 아름다운 나이 듦, 자유로운 움직임, 나 자신과 가족을 위한 책임감, 이 모든 것이 진정한 '웰빙'이자, 삶의 목적이 되어야 한다.

건강을 지키는 것만큼 더 중요한 일은 없다.
지금 바로 시작하자!

2

체력과 운동은 인생의 기본이다

체력이 바닥이면, 인생도 무너진다.

우리는 보통 체력을 얕잡아본다. 숨차지 않으면 괜찮고, 무거운 걸 못 들어도 '그럴 수 있지'라고 넘긴다. 하지만 체력은 그저 운동장에서만 필요한 게 아니다. 체력은 삶의 기본이다. 숨 쉬고, 걷고, 생각하고, 일하고, 관계 맺고, 웃고 살아가기 위해 가장 먼저 필요한 게 체력이다.

나이가 들수록 해야 할 건 '더 움직이는 것'이다.

많은 사람이 나이 들면 "몸 사려야지"라고 말한다. 하지만 그건 잘못된 생각이다. 진짜는 이거다. "나이 들수록, 운동은 옵션이 아니라 필수다."

노화는 가만히 있을수록 빨라진다. 근육은 힘들게 쓰지 않으면 줄고, 관절은 움직이지 않으면 굳는다. 폐활량과 전신 순환 기능은 숨차게 운동할 때만 유지된다.

규칙적인 운동을 하는 사람은 같은 60세여도 40대의 심폐능력과 30대의 체형을 유지할 수 있다. 물론 운동이 노화를 멈출 수는 없겠지만, 늦출 수 있다. 운동을 멈추는 순간 몸은 무너지기 시작한다.

체력이 약해지면 시작되는 문제들

아침에 일어나는 게 고역이다.

계단만 올라가도 숨이 찬다.

집중력이 떨어진다.

쉽게 짜증나고, 감정 기복이 생긴다.

자꾸 아프다.

이 모든 건 기초 체력이 무너졌다는 신호다.

기초 체력은 어떤 운동이 키우는가?

1. 심폐능력을 살리는 유산소 운동

걷기, 계단 오르기, 자전거, 수영 같은 활동은 폐활량과 심폐 기능을 향상시켜, 지구력과 회복력의 기초가 된다.

2. 근력을 채우는 근육 운동

상체, 하체, 코어와 같은 전신의 근육 운동은 자세 유지, 모든 움직임, 관절 보호 및 통증 예방에 필수다.

3. 유연성과 균형 감각을 키우는 스트레칭과 균형 운동

몸의 긴장을 풀고, 넘어짐이나 관절 부상 위험을 줄인다.

체력은 나이보다 앞서 무너진다.

체력이 부족하면 건강한 외모도, 날씬한 체형도 그저 껍데기일 뿐이다.

정신력도 체력 위에서 작동하고, 감정 조절도 체력에 기반하며, 회복 속도도 체력에 따라 달라진다.

**"체력이 바닥이면, 인생도 흔들린다.
당신의 체력을, 인생의 중심에 놓아라."**

◈ 드라마 〈미생〉의 명대사

네가 이루고 싶은 게 있다면

체력을 먼저 길러라

네가 종종 후반에 무너지는 이유

데미지를 입은 후에 회복이 더딘 이유,

실수한 후 복구가 더딘 이유

다 체력의 한계 때문이야

체력이 약하면 빨리 편안함을 찾게 되고,

그러면 인내심이 떨어지고,

그리고 그 피로감을 견디지 못하면

승부 따위는 상관없는 지경에 이르지

이기고 싶다면 네 고민을 충분히 견뎌줄

몸을 먼저 만들어

정신력은 체력의 보호 없이는 구호밖에 안 돼!!!

무심코 앉는 그 자세, 당신의 몸을 망치고 있다

"앉아 있는 건 새로운 흡연이다."

이 말이 과장처럼 들릴 수 있지만, 앉아 있는 자세의 위험성을 가장 잘 표현한 문장이다. 하루 대부분을 앉아서 보내는 현대인에게 바르지 못한 자세는 단순한 습관을 넘어 만성 통증과 전신 질환으로 이어질 수 있는 심각한 건강 문제다.

왜 앉는 자세가 건강을 망치는가?

장시간 앉아 있으면 우리 몸은 점차 무너진다. 특히 스마트폰과 컴퓨터 사용이 늘어난 코로나 이후에 더 심각해졌다. 허리를 구부리고 등을 등받이에 기댄 채 코어 근육을 사용하지 않으면, 몸의 중심을 지지하는 근육들은 점차 기능을 잃는다. 등 근육(광배근, 척추기립근)은 늘어나며 약화되고, 목과 가슴 앞쪽 근육(흉쇄유돌근, 대흉근)은 짧아져 둥근 어깨, 거북목이 고착화된다. 고관절은 굳고, 엉덩이 근육은 약화되며, 결과적으로 일자목, 일자허리, 허리디스크, 무릎 통증 등 근골격계 질환의 악순환이 시작된다. 심지어 이 같은 자세 불균형은 심폐 기능 저하뿐만 아니라 소화·비뇨·생식기까지 전신적인 건강 문제로 확산된다.

건강을 지키는 가장 쉬운 방법, '자세'부터 시작하자.

바른 자세는 단순히 보기 좋은 것이 아니라, 몸의 모든 기능이 원활히 작동할 수 있도록 돕는 기본이다. 바른 자세는 근골격계 건강뿐만 아니라 집중력, 자존감, 스트레스 감소 등 정신 건강에도 긍정적인 영향을 준다. 특히 학생과 직장인은 하루 12~16시간 이상 앉아서 지내는 경우가 많기 때문에 아래와 같은 실천이 필수적이다.

바르게 앉는 실천법 – 코어 세팅 자세

바르게 앉는 자세는 '코어 세팅 자세'가 핵심이다. 앞으로 계속 강조하게 될 일명 '치가턱 자세'다. 특히 골반기저근을 가볍게 긴장시키는 것부터 시작해 보자. 꼬리뼈에서 치골 방향으로 가볍게 당기듯 골반기저근을 긴장한다. 가슴은 편안하게 펴고 어깨는 자연스럽게 내리며, 턱은 살짝 당겨 정수리가 천장을 향하게 해서 머리를 위로 당겨지는 듯한 느낌으로 앉은키를 키운다. 무릎과 발끝은 같은 방향, 발바닥은 바닥에 안정적으로 지지한다. 이때 '힘을 세게 주는 느낌'이 아닌 '최소한의 긴장으로 정렬'하는 것이 중요하다.

건강을 위한 최고의 선택

앉는 환경 정비하기

책상과 의자 높이 조절 → 팔이 90도로 놓이도록 한다.

발바닥이 바닥에 닿도록 의자 높이를 조절한다.

모니터는 눈높이 정중앙에 위치, 2개 이상일 땐 위치를 자주 변경한다.

인체공학적 의자 활용하기.

지금은 괜찮아도, 나중엔 병이 된다.

현재의 잘못된 자세가 몇 년 후 디스크, 관절염, 고혈압, 심혈관 질환 등으로 이어질 수 있다. 반대로 지금 바른 자세와 간단한 운동 습관만 실천해도, 내 몸은 달라진다. 건강은 거창한 변화가 아닌, 하루의 작은 실천에서 시작된다.

아무리 바른 자세라도 장시간을 앉아 있는 것은 좋지 않다. 바른 자세로 앉아서 자주 움직여 주는 것이 가장 이상적인 방법이다. 그래서 앉아 있으면서 오히려 건강해질 수 있는, 저자가 만든 "Sitraining"을 소개한다. Part 9 생활 운동 가이드, "Sitraining" 편에서는 구체적인 동작과 방법을 자세히 설명한다. 기대해도 좋다!

> "우리는 움직이기 위해 태어났지, 앉아 있기 위해 태어나지 않았다."
>
> — 다니엘 리버만

4

유산소 운동이냐, 근력 운동이냐?

정답은 '둘 다'입니다!

센터에 오시는 분들, 혹은 제 주변 사람들에게 자주 받는 질문이 있다.

"유산소 운동이 좋아요, 근력 운동이 좋아요?"

전문가들 사이에서도 의견이 다양하다 보니, 일반인들이 혼란을 느끼는 건 당연하다. 이 질문에 대한 가장 명확한 답은 "두 가지 모두 중요하고, 함께 해야 한다"는 것이다.

운동은 최고의 만병통치약

운동의 효과는 이제 논란의 여지가 없는 사실이다. 수많은 연구들이 증명해 왔다.

운동은 단순히 몸을 움직이는 것이 아니라, 우리 몸과 마음을 치유하는 최고의 약이다. 그리고 그 '약'은 유산소든 근력이든 꾸준히 즐겁게 하면 그 자체로 충분하다. 중요한 건 지금 당장 '시작'하는 것이다. 운동을 하고 있는 분들은 더 효과적인 방법을 고민하겠지만, 아직 시작하지 않은 분들에겐 이론보다 행동이 먼저다.

"지금 고민하고 있다면, 운동화를 신고 밖으로 나가세요."

운동은 고민하는 것이 아니라 습관처럼, 생활처럼 실천해야 하는 필수 요소다.

미국인의 77%가 운동을 하지 않는다고 한다. 우리나라도 크게 다르지 않을 것이다. 하지만 희망적인 사실이 있다. 운동을 전혀 하지 않던 사람이 일주일에 90분만 운동해도 사망 위험률이 14% 줄어든다. 만약 이런 효과를 가진 약이 있다면, 이 약을 만든 사람은 아마 세계 최고의 부자가 될 것이다.

유산소 운동의 위력 – 당신의 숨이 삶을 연장한다.

유산소 능력은 '내 몸이 산소를 얼마나 잘 이용하느냐'로 측정된다. 쉽게 말해, 오래 걷고, 오래 달릴 수 있는 능력이다. 최대 산소 섭취량($VO_2\ max$)은 심폐 체력의 대표적인 지표로 이 수치는 건강 수명, 사망률과 밀접하게 연결되어 있다. 2018년 미국의사협회지(JAMA)에 발표된 연구에서는 12만 명을 추적 조사한 결과, 최대 산소 섭취량이 높을수록 질병에 의한 사망률이 현저히 낮았다. 또한, 하위 25%에서 상위 25%로 올라가기만 해도 사망 위험이 절반으로 감소했고, 엘리트 수준의 체력을 가진 사람은 하위 집단보다 사망 위험이 5배 낮았다. 즉, 숨이 차는 운동을 하는 것만으로도 수명과 삶의 질을 획기적으로 높일 수 있다는 의미다.

근력 운동 - '근육'은 당신을 지탱하는 생명의 기둥이다.

유산소 운동만큼이나, 근력 운동의 가치도 절대적이다. 50세 이상 성인 약 4,500명을 10년간 추적한 연구에 따르면, 근육량이 적은 사람은 사망 위험이 무려 40~50% 더 높았다. 근육은 단지 몸을 움직이는 기관이 아니다. 골격을 지탱하고 보호하며, 혈액순환과 대사 기능을 향상시키고, 에너지 효율을 높이며, 노화에 따른 낙상, 골절, 회복 지연을 예방한다. 특히 노년기에는 근육이 자립 생활을 가능하게 하는 가장 중요한 자산이 된다. 넘어지지 않고, 넘어져도 잘 다치지 않으며, 수술 후에도 빠르게 회복하는 힘. 이 모든 것이 근육에서 나온다. 사고나 질병으로 장시간 침상 생활 후에 침대에서 혼자 일어날 수 있는지의 여부는 근육량에 달려있다. 따라서 노년기 삶의 질에 근육은 매우 중요하다.

핵심은, 운동의 종류보다 지속성과 실천이다.

우리는 숨을 쉬고 움직여야 살 수 있다. 운동은 그 본질을 가장 단순하고 강력하게 구현하는 활동이다. 숨이 찰 정도로 유산소 운동을 하고, 약간의 통증을 느낄 만큼 근육을 자극하는 것, 그 자체가 삶의 연장선이자 건강을 지키는 핵심 전략이다.

고민하지 말고, 지금 시작하자!

운동을 좋아하지 않아도 괜찮다. 몸이 무거워도 괜찮다. 지금 시작하면, 무엇이든 큰 변화가 될 수 있다. 회원들에게 항상 이렇게 말한다.

"그동안 안 하셨으니 지금이 기회입니다. 앉아 있는 것보다 서 있는 것이, 서 있는 것보다 걷는 것이, 걷는 것보다 달리는 것이, 훨씬 더 좋은 운동입니다."

유산소든 근력이든 둘 중 무엇이 더 좋은가를 고민하는 시간에 그냥 한 걸음 걸어보자. 그 한 걸음이 건강한 삶의 출발점이 된다.

5

코어 운동, 건강을 위한 가장 확실한 투자

코어(Core)란 무엇인가?

지구의 중심, 태양의 중심을 의미하는 이 단어는 우리 몸에도 똑같이 적용된다. 몸의 중심이 바로 코어다. 우리는 하루 종일 끊임없이 움직인다. 앉고, 서고, 걷고, 달리고, 일하고, 운동하고… 이 모든 움직임은 코어 근육이 중심을 잡고 움직임을 조율하기 때문에 가능한 일이다. 팔을 들든, 다리를 움직이든, 그 시작은 바로 코어에서 출발한다. 과거에는 '단전'이라 하여 아랫배만을 코어라고 여겼지만, 지금은 개념이 넓어졌다. 코어 근육은 척추, 골반, 복부 주위 등 몸통 전반의 근육들로, 팔다리와 몸통을 연결하며 신체의 모든 움직임을 조율하고 지지하는 중심 시스템이다. 이 근육들은 단순한 움직임 이상의 기능을 한다. 자세를 유지하고, 균형을 맞추며, 힘을 증폭시키고, 부상을 예방하는 안정성을 제공한다. 특히 운동이나 스포츠에서 요구되는 복잡한 방향 전환과 체중 이동도

건강을 위한 최고의 선택

코어 근육의 안정성이 없으면 불가능하다.

코어가 약하면, 몸 전체가 무너진다.

코어 근육이 약해지면 어떤 일이 일어날까? 그 시작은 자세의 붕괴다. 허리가 구부정해지고, 거북목이 생기며, 둥근 어깨, 후만증, 측만증, 일자허리 등이 나타나게 된다. 이는 단순한 외형의 문제를 넘어 디스크 질환, 협착증, 회전근개 손상, 관절염 등으로 연결되는 연쇄적인 건강 위기를 초래한다. 게다가 코어가 무너지면 관절들도 무너진다. 손목, 팔꿈치, 무릎, 발목까지 전신의 관절에 부하가 걸리고, 균형이 깨지며 통증과 부상이 반복되는 악순환에 빠지게 된다. 또한, 코어 근육은 중력으로 눌리는 모든 관절을 위로 들어 올려주는 역할도 한다. 즉, 나이가 들어갈수록 자연스럽게 퇴행하는 관절을 보호하는 가장 강력한 방어막인 셈이다.

코어 운동의 중요성

코어 운동은 노년기에 '균형 감각'을 유지하는 데 매우 중요하다. 코어 근육은 낙상을 막고, 움직임을 안정시키며, 회복력을 높이는 핵심이기 때문이다. 몸의 중심축이 단단하면, 그 어떤 방향으로 기울어져도 우리는 다시 중심을 잡을 수 있다. 이 중심 감각을 키우는 가장 좋은 방법이 바로 코어 운동이다. 또한, 코어 운동은 움직임의 타이밍을 만들어 낸다. 몸이 움직일 때 가장 먼저 작동하는 근육이 코어 근육이다. 이 '시동 근육'이 제대로 작동하지 않으면, 온몸의 움직임 타이밍이 어긋나고 부상 위험이 증가한다. 예를 들어, 단순한 걷기조차 수십 개의 근육이 정확한 순서로, 정확한 타이밍에 수축해야 가능한 고도의 협응 동작이다. 그러나 코어가 약해지고 잘못된 자세가 반복되면 이 타이밍 자체가 무너져 버린다. 한번 깨진 움직임의 패턴을 회복하기 위해서는 훨씬 더 많은 시간과 노력이 필요하다. 지금부터라도 코어 운동을 꾸준히 실천해야 하는 이유인 것이다.

당신의 건강을 지키는 첫걸음은 '코어 운동'이다.

코어는 움직임의 출발점이며, 몸을 지키는 첫 번째 방어선으로 어떤 활동을 하든, 어떤 운동을 하든 코어가 먼저 준비되어야 비로소 건강한 움직임이 시작된다. 코어 운동은 단순히 '하면 좋은 운동'이 아니다. 해야만 하는 필수 운동이다. 아니, 매일의 습관이 되어야 할 운동인 것이다.

당신의 삶을 바꾸고 싶다면, 당신의 자세와 움직임, 건강을 다시 설계하고 싶다면, 가장 먼저 해야 할 일은 코어 근육을 깨우는 것이다.

세계 최고의 코어 운동 센터, 액티브코어의 슬로건이다.
"당신이 아픈 이유는, 액티브코어 운동센터를 오지 않아서이다!"

6

골반기저근이 약하면 기저귀 찬다!

내 몸의 다이아몬드, 골반기저근을 빛내라.

운동 전문가로서 감히 말할 수 있다. 650여 개의 인체 근육 중, 가장 중요한 근육 단 하나만을 꼽는다면 '골반기저근(Pelvic Floor Muscle)'이다. 체간 가장 아래 깊숙한 곳에서 모든 장기를 받쳐주고 있는 위대한 이 근육은 '**인체 중심의 보석, 다이아몬드와 같은 존재**'다. 실제 다이아몬드 모양이고, 이 정도 크기면 엄청난 가치일 것이다. 그 가치에 걸맞게 골반기저근은 우리 몸의 균형과 기능, 생존력까지 좌우하는 핵심 근육이다.

골반기저근이란 무엇인가?

골반기저근은 말 그대로 골반의 바닥을 이루는 근육이다. 이 마름모꼴 모양의 근육은 치골, 좌골, 미골을 연결하며 방광, 자궁, 직장 등 복부 장기를 지지하고 보호하는 역할을 한다. 해부학적으로는 주로 다음 세 가지 주요 근육으로 구성된다.

치골미골근(Pubococcygeus, PC근육) → 소변 배출 조절, 성 기능과 깊은 관련

장골미골근(Iliococcygeus) → 배변 조절, 항문 수축

좌골미골근(Ischiococcygeus) → 장기 지지 및 천장관절 안정성 유지

골반기저근의 위대한 역할

골반기저근은 단순히 장기를 받치는 구조물이 아니다. **자세, 호흡, 복압 조절, 성 기능, 방광·배변 기능 등 모든 기본 기능을 통합적으로 담당**한다. 특히, 깊은 코어 근육인 복횡근, 다열근, 그리고 횡격막과 함께 복부 내압을 조절하며, 심부 안정성을 유지한다. 또한, Dr. Judy Florendo는 골반기저근이 호흡과도 깊은 연관이 있다고 밝혔다. 이는 숨 쉬는 방식 하나에도 골반기저근이 관여하고 있다는 의미다. 여성은 골반 구조상 골반기저근의 역할이 더 중요하다. 임신과 출산, 그리고 노화에 따라 이 근육이 약화되면 요실금, 변실금, 질 이완감, 성감 저하, 자궁 탈출증의 문제가 생긴다. 남성도 예외는 아니다. 발기부전, 조루, 전립선 관련 기능 저하, 하복부 압박감, 배뇨 문제가 발생한다. 이뿐만 아니라 근골격계에도 영향을 주는데 잘못된 자세로 인한 골반의 비틀림이 생기고, 척추 불균형으로 인한 허리 통증까지 생길 수 있다. 이로 인해 결국 삶의 질 저하와 우울감까지 생긴다. 즉, 골반기저근은 단순한 근육이 아니라 '모든 기능의 핵심 열쇠'라 할 수 있다.

몸속 다이아몬드를 빛내는 골반기저근 강화 운동 가이드

케겔 운동은 누구나 들어봤지만, 골반기저근 운동은 '정확히 어떻게 해야 하는지' 아는 사람은 많지 않다. 운동 효과를 높이기 위해 가장 먼저 할 일은 근육을 정확히 인지하는 것이다. 아래 방법들을 통해 자신의 골반기저근을 느껴보자.

소변을 참을 때 사용하는 근육, 항문을 조이는 느낌, 치골을 위로 당겨 올리는 느낌, 고환을 끌어올리는 느낌(남성), 질을 수축해 안으로 당기는 느낌(여성)

골반기저근 3단계 운동 루틴

등척성 수축 운동

꼬리뼈에서 치골 방향으로 끌어당긴 느낌으로 10초간 수축하고 10초간 휴식을 10회 반복한다. 과도하게 힘주지 말고 부드럽고 깊게 수축한다.

빠른 수축 운동

1초간 강하게 조이고, 1초간 휴식을 20회 반복한다.

점진적 수축 이완 운동

5단계로 점진적으로 수축하고, 다시 5단계로 이완을 7회 반복한다.

※ 이 운동들은 언제 어디서든 수시로 해도 좋다.

일상 속 코어 세팅 자세 팁

이 운동은 단순히 '운동 시간'에만 하는 것이 아니다. 일상 모든 순간에 골반기저근을 의식하고 활성화하여 코어 세팅 자세를 잡는 습관이 중요하다. 뒤꿈치를 들기 직전의 느낌, 키를 크게 재는 느낌, 머리카락을 위로 끌어당기는 느낌,

이런 감각을 떠올리며 서 있고, 앉고, 움직여야 한다. 이러면 올바른 자세 유지, 관절 보호, 몸의 안정성 향상이라는 세 마리 토끼를 잡을 수 있다.

골반기저근은 내 몸속 다이아몬드로서, 이 작은 근육 하나가 당신의 자세, 성기능, 자신감, 생식기 건강, 활력, 그리고 노후의 삶의 질까지 결정하게 된다. 골반기저근을 건강하게 지킨다는 것은, 내 몸의 중심을 단단하게 다지고, 삶의 품격을 지켜내는 일이다. 이 운동 습관으로, 기저귀 없이 평생을 살 수 있다.

지금 바로 시작하자!

"근육은 단순한 조직이 아니다. 생존을 결정하는 기관이다."

— 마크 맷슨

최고의 명약, 마이오카인(Myokine)
- 운동이 만드는 기적의 호르몬

근육에 홀딱 반하다.

저자가 대학 강단에 처음 섰던 건 20년 전쯤이다. 스포츠 의학과 첫 강의 과목이 근 관절 재활론과 기능 해부학이었고, 그때부터 줄곧 한 가지를 강조해왔다.

"근육이 핵심이다."

학생들은 저자 수업이 힘들다고 했다. 시험이 어렵고 과제가 많다고. 저자도 안다. 힘들었을 거다. 하지만 근육 없이 스포츠 의학을 이해하는 건, 자음·모음 없이 한글을 배우는 것과 같다. 운동과 재활을 말하면서 근육을 빼놓을 수 없다. 그래서 저자는 근육에 진심이었고, 그러던 중 우연히 논문에서 '마이오카인(Myokine)'을 만났다.

그 순간, 무릎을 탁 쳤다. "역시! 내 말이 맞았어. 근육이 이렇게 대단하잖아!" 그때부터였다. 근육에 반했다. 아니, 마이오카인에 홀딱 반했다.

근육이 분비하는 호르몬, 마이오카인

마이오카인은 근육에서 분비되는 200종 이상의 생리활성 물질을 통칭하는 말이다. '마이오(Myo)'는 근육, '카인(Kine)'은 움직이는 물질, 즉 호르몬이라는 뜻이다. 이 개념은 2012년 《네이처(Nature)》에 실리며 전 세계의 주목을 받았다. 그 중에서도 가장 유명한 건 아이리신(Irisin)이다. 하버드 의대 암연구소 브루스 스피겔만 교수는 실험을 통해 밝혀냈다. 운동을 하면 근육 세포막에서 FNDC5라는 단백질이 만들어지고, 이 일부 조각이 혈액을 타고 퍼지며 좋지 않은 백색 지방을 에너지를 소비하는 갈색 지방으로 변하게 하는 놀라운 결과였다. 이 호르몬은 그리스 신화에서 전달자 역할을 하던 여신 아이리스의 이름을 따 '아이리신(Irisin)'이라 명명되었고, 이후 마이오카인의 대표 주자로 자리 잡았다. 아이리신은 체지방 감소 외에도 대사증후군 예방, 인슐린 저항성 완화, 당뇨 개선, 에너지 소비 촉진과 같은 메디컬급 효과를 갖고 있다.

이게 다가 아니다 — 마이오카인의 리스트

근육이 만들어 내는 이로운 물질은 정말 많다. 아이리신 외에도 놀라운 작용을 하는 마이오카인들이 있다.

- BDNF: 학습 능력과 기억력 증진, 치매 예방
- Apelin: 심혈관 대사 개선, 노화 방지
- IL-6: 체중 감량, 염증 조절 및 스트레스 해소
- IGF-1: 뼈 형성과 성장, 전반적인 건강 증진
- FSTL-1: 혈관 확장을 통해 혈압 강하 및 혈류량 증가
- FGF-21: 혈당 조절, 간 기능 개선, 대사증후군 개선, 뇌 건강 증진

  건강을 위한 최고의 선택

이 마이오카인들은 뇌, 심장, 췌장, 간, 혈관, 피부, 신경계에까지 광범위하고 강력한 긍정적 효과를 가져온다. 혈압을 낮추고, 당뇨를 개선하고, 알츠하이머를 예방하고, 암 억제 효과까지 이 정도면 만병통치약이다. 내 몸이 직접 만들어 내는 부작용 없는 최고의 명약인 것이다.

근육은 건강의 '곳간'이다.

연세대학교 의과대학 김유식 교수는 이렇게 말했다.

"근육은 수많은 이로운 호르몬을 저장하고 있는 곳간이다. 그리고 이 곳간의 문을 여는 열쇠는 단 하나, 운동이다." 이 말은 단순한 은유가 아니다. 진짜 운동할 때마다 내 몸속에서 약이 분비된다. 김 교수는 마이오카인을 최대치로 끌어내는 조건을 이렇게 설명했다. 더 많이! 더 힘들게! 가능한 매일!

즉, 지금 내 체력 수준에서 무리하지 않게, 꾸준히, 점점 더 강도 높게 근력과 심폐 운동을 해야 한다. 운동할 때마다 근육이 수축, 이완되면서 마이오카인이 분비된다.

마이오카인, 이젠 선택이 아니라 필수

근육을 키우는 것 자체가 몸속 약국을 여는 일이다.

오늘 운동을 시작하면, 오늘부터 마이오카인이 내 몸을 건강하게 만든다.

약을 먹는 것보다 더 안전하고, 주사를 맞는 것보다 더 강력하며, 꾸준히만 하면 누구나 얻을 수 있는 가장 과학적이고 확실한 건강법이다.

"근육을 움직이면, 약은 내 몸에서 만들어진다.

지금부터 마이오카인을 쭉쭉 짜내자!"

8

하체 근육은 건강하고 활기찬 삶의 열쇠

몸을 움직이지 않는 것은 죽은 것이나 다름없다. 신체를 지탱하고 움직이게 하는 핵심 요소는 바로 근육이다. 근육의 수축과 이완은 산소와 결합하여 에너지를 생성하며, 이 과정에서 깨끗하고 영양이 풍부한 혈액이 전신을 순환하며, 모든 조직을 건강하게 유지한다. 따라서 근육은 최고의 건강 지킴이라 할 수 있다.

그중에서도 매우 중요한 근육이 하체 근육이다. "수로근선고 인로퇴선쇠(樹老根先枯 人老腿先衰)"라는 말이 있다. 이는 "나무는 뿌리가 먼저 늙고, 사람은 다리가 먼저 쇠약해진다."라는 의미로, 나무의 뿌리가 생명의 근원이라면, 인간에게는 다리가 생명과도 같다는 뜻이다.

나이가 들면서 하체 근육이 약해지면 신체 균형이 무너지고 관절이 퇴행되기 쉬워진다. 보행이 불편해지면 활동량이 줄어들고, 전신의 근력과 균형 감각이 저하되면서 낙상의 위험이 커진다. 특히 넘어져 골절이라도 발생하면 회복이 어려워지고, 침상 생활로 이어질 가능성이 크다. 실제로 다리가 튼튼한 사람일수록 병에 걸리지 않고 오래 산다는 말이 있을 정도로, 하체 건강은 장수와 직결된다.

미국의 유명 건강 잡지 《Prevention》에서도 장수하는 사람들의 공통적인 특징으로 강한 하체 근력을 꼽았다. 하체 근육이 발달한 노인들은 보행이 가볍고 활기차며, 자세도 바르다. 이처럼 하체 근력이 좋은 사람은 노년에도 건강을 유지하며 자유롭게 여행하고 여가 활동을 즐길 수 있다.

하체 근육은 심혈관 건강에도 중요한 역할을 한다. 심장에서 전신으로 혈액을 보내고, 다시 심장으로 되돌려 보내는 과정에서 하체 근육이 펌프 역할을 한다. 특히 발바닥 근육의 수축이 혈액 순환을 원활하게 만들어 심폐 기능을 강화하는 데 기여한다. 허벅지 근력이 좋은 사람일수록 심폐 기능이 우수하고, 뇌 기능도 명석하다는 연구 결과가 있다. 미국의 한 연구에 따르면, 70세 이상의 노인이 쉬지 않고 400미터를 걸을 수 있다면, 그렇지 못한 또래에 비해 평균 6년 더 오래 살 가능성이 높다고 한다. 이는 하체 근육이 건강과 수명을 결정하는 중요한 요소임을 보여준다.

하체 근육 감소의 위험성

미국 노년학 전문가 사치(Schach) 박사는 "20세 이후 운동을 하지 않으면 10년마다 근육량의 5%가 감소한다"고 지적했다. 특히 하체 근육이 빠지면 체중 부하를 견디는 고관절과 무릎관절에 충격이 집중되면서 관절 질환이 발생할 가능성이 높아진다. 그로 인해 균형 감각이 저하되고, 낙상의 위험이 커진다.

통계적으로 고관절 골절 환자의 15%가 1년 내에 사망하며, 골절 후 6개월간 침상 생활을 하게 되면 근육량이 더욱 감소하고 심폐 기능 저하, 혈액순환 장애 등의 악순환이 발생한다. 결국, 인간은 움직이지 않으면 건강을 유지할 수 없고, 이는 생명과 직결된다.

하체 근육의 중요성

허벅지 근육은 단순히 움직임을 위한 역할을 넘어, 인체의 당분과 지방 저장 창고 역할을 한다. 흡수된 탄수화물 중 사용하고 남은 에너지는 글리코겐 형태로 저장되며, 허벅지 근육이 클수록 더 많은 에너지를 저장할 수 있어 체력이 좋아진다. 허벅지 근육은 신체의 대사 속도를 높이며, 노폐물을 연소하는 역할도 수행한다. 즉, 혈관 건강과 신진대사에 긍정적인 영향을 미쳐 비만, 고혈압, 당뇨, 고지혈증 등의 성인병을 예방하는 데 중요한 역할을 한다.

따라서 허벅지 근육이 발달한 사람은 더 건강한 삶을 누릴 수 있으며, 자유롭게 먹고 즐길 수 있는 몸을 유지할 수 있다. 이것이 우리가 허벅지 근육을 키워야 하는 가장 큰 이유다.

하체 근육을 강화하는 방법

그렇다면 하체 근육을 효과적으로 강화하려면 어떻게 해야 할까?

뼈를 단단하게 유지하려면 지속적인 자극이 필요하다. 쇠를 불에 달구어 망치로 두들겨 강철로 만드는 것을 '단련'이라고 하듯이, 하체 역시 꾸준한 단련이 필요하다. 가장 기본적인 방법은 걷기와 달리기다. 하지만 장시간의 걷기나 달리기는 관절에 부담을 줄 수 있으므로 본인의 체력과 건강 상태에 맞게 조절해야 한다.

근육을 효과적으로 키우려면 체중 부하 없이도 할 수 있는 운동이 필요하다. 대표적인 운동으로는 다음과 같은 것들이 있다.

- 브릿지 운동 – 코어와 하체 근력을 함께 강화하는 운동이다.
- 플랭크 및 사이드 플랭크 – 몸의 균형을 잡아주고 하체 안정성을 높이는 운동이다.
- 내전근 플랭크 – 허벅지 안쪽 근육을 단련하여 무릎 및 고관절 안정성 향상에 좋다.
- 스쿼트와 런지 – 하체 근육을 균형적으로 발달시키면서 관절을 보호하는 최상의 운동이다.
- 뒤꿈치 들기(카프 레이즈) – 종아리 근육을 강화하여 전신 혈액순환과 림프 순환을 원활하게 한다.
- 한발 서기 및 불안정한 볼 위에 서기 – 균형 감각을 높이고 관절 안정성을 강화하는 운동이다.

하체 근육과 관절을 잘 관리하면 원하는 활동을 자유롭게 하며 건강한 삶을 유지할 수 있다. 특히 하체 근력 운동은 장소나 시간에 구애받지 않고 언제 어디서든 쉽게 할 수 있다. 물론 전문가를 찾아 트레이닝을 받는 것이 좋다. 하지만 시간이 부족하고 여의치 않다면, 꼭 피트니스 센터를 찾을 필요 없이, 지금 이 순간부터라도 하체 운동을 시작하는 것이 중요하다. 오늘부터 하체 근육을 키우는 습관을 들여, 건강하고 활기찬 삶을 누리자!

9

조가비핵
— 자동화된 운동 습관의 비밀

현대인은 풍족한 음식, 편리한 교통수단, 수많은 디지털 기기를 누리며 산다. 그러나 편리함의 그림자는 크다. 하루 대부분을 앉아서 보내며, 걷거나 뛰는 대신 손가락으로만 세상을 움직인다. 그 결과 고혈압, 당뇨병, 고지혈증 같은 생활습관병이 급격히 늘어나고, 비만과 근골격계 질환은 일상화되었다. 세계보건기구(WHO)는 '운동 부족'을 흡연과 비슷한 수준의 건강 위협 요인으로 경고한다. 실제로 운동량이 부족한 사람은 심혈관 질환, 우울증, 치매의 위험이 현저히 높다.

그렇다면 해답은 분명하다. **운동이야말로 가장 강력한 예방약**이다. 운동은 약물보다 효과적으로 혈압을 낮추고, 혈당을 조절하며, 뼈와 근육을 강화한다. 뇌 기능을 유지하고, 면역력까지 높인다. 문제는 누구나 알고 있지만, 꾸준히 하는 사람은 많지 않다는 데 있다. 여기서 중요한 질문이 생긴다. 왜 사람들은 운동의 중요성을 알면서도 실행하지 못할까?

꾸준한 선수 vs 끊기는 선수

우리 센터에는 정말 다양한 운동선수들이 찾아온다. 20년 동안 초등학교 선수부터 프로팀 선수까지 함께 했다. 여기서는 재활, 퍼포먼스 강화, 기능 향상 훈련까지, 운동선수에게 꼭 필요한 전 과정을 진행한다. 하루 3시간 이상 훈련은 기본이고, 집중 트레이닝을 받는 선수들은 오전·오후로 나눠 하루에 6시간 이상 운동을 한다. 코어를 중심으로 한 상하체 트레이닝, 유연성 운동, 밸런스 트레이닝, 기능성 트레이닝까지 전신을 쓰는 고강도 프로그램으로 꽉 차 있다.

그런데 재미있는 사실이 있다. 같은 훈련을 받아도 누군가는 지치지 않고 해내고, 누군가는 자꾸 멈춘다. 잘하는 선수들은 도착 시간부터 정확하다. 훈련에만 집중하고, 쉬는 시간에도 핸드폰보다 다음 운동을 준비한다. 자신의 루틴을 스스로 챙기고, 지시 없이도 움직인다. 반대로 아직 습관이 안 잡힌 선수는 쉬는 시간마다 핸드폰부터 찾고, 운동이 끝나면 멍하니 시간을 보낸다. 누군가가 계속 옆에서 지도해야만 움직인다. 도대체 뭐가 다른 걸까? 답은 바로 우리의 뇌 구조에 있다.

전두엽은 쉽게 지친다.

우리 뇌의 전두엽은 사고, 판단, 의사결정, 행동 통제를 맡는 사령탑이다. 하지만 전두엽은 생각보다 쉽게 피로해진다. 운동을 '할까 말까' 결정하는 순간마다 에너지가 소모된다. 그래서 "오늘은 꼭 운동해야지"라고 다짐하다가도 결국 "내일부터 하지 뭐"라는 변명으로 끝나버린다.

상위권 선수들은 운동을 고민하지 않는다. 자연스럽게, 일상처럼 몸이 먼저 움직인다. 그 이유는 운동이라는 행동이 이미 자동화된 습관으로 넘어갔기 때문이다. 그 자동화를 만들어내는 뇌의 핵심 구조가 바로 조가비핵이다.

습관을 만드는 조가비핵

조가비핵은 선조체 안에 있는 작은 구조지만, **반복된 행동을 자동으로 수행하게 만드는 강력한 힘**을 가진다. 이곳이 활성화되면 특정 행동은 더 이상 '결정의 문제'가 아니라 '루틴'이 된다. 우리가 생활 중에 당연히 하는 행동들은 의식적으로 고민하지 않는 것처럼, 운동도 무의식적으로 실행된다.

심리학자 Lally 연구팀(2010)은 행동이 습관으로 자리 잡는 데 평균 66~90일이 걸린다고 밝혔다. 즉, 약 3개월간 꾸준히 반복하면 조가비핵이 개입해 운동을 자동화한다. 초반에는 전두엽이 계속 결정을 내리느라 힘들지만, 일정 시점을 지나면 조가비핵이 운동을 '자동 모드'로 바꾸어 준다. 이때부터 운동은 "억지로 해야 하는 일"이 아니라 "안 하면 허전한 일"로 변한다.

루틴은 의지가 아니라 뇌 구조다.

많은 사람들은 운동을 꾸준히 하는 이를 보며 "저 사람은 의지가 강하다"라고 말한다. 그러나 진짜 비밀은 의지가 아니라 뇌 구조다. 루틴은 결심의 산물이 아니라, 조가비핵이 작동할 수 있도록 반복과 환경을 만드는 데서 비롯된다. 운동을 시작할 때마다 의지를 소모하면 오래가지 못한다. 대신 정해진 시간에 같은 장소에서 같은 순서로 행동을 반복하면, 뇌는 점차 그 행동을 자동화한다.

결국 중요한 것은 "나는 의지가 약해서 운동을 못 해"라는 자기 비난이 아니다. 뇌를 이해하고, 조가비핵이 습관을 형성할 수 있도록 환경을 설계하는 것이다. 아침에 일어나 습관적으로 양치질을 하듯, 운동도 '머리보다 몸이 먼저 움직이는 상태'로 만들어야 한다.

3개월의 벽을 넘으면

물론 첫 3개월은 쉽지 않다. 체력도 필요하고, 의지도 필요하다. 날씨, 업무, 컨디션 같은 변수가 언제든 방해한다. 하지만 그 시기를 견뎌내면 상황은 달라진다. 조가비핵은 거짓말을 하지 않는다. 반복한 만큼 반응하고, 꾸준히 한 만큼 자동화된다. "운동해야지"라는 결심은 사라지고, 오히려 운동을 하지 않으면 허전하고 찜찜해진다. 바로 이 단계가 진짜 습관의 시작이다.

버튼을 누르듯 시작하라.

건강을 위한 운동이라면 복잡하게 고민할 필요가 없다. 기계를 작동시킬 때 그저 버튼을 누르듯, 자동으로 몸이 움직이도록 조가비핵을 깨우는 것이다. 처음엔 작은 반복이라도 괜찮다. 10분 걷기, 간단한 스트레칭, 아침마다 푸시업 몇 개라도 상관없다. 중요한 건 매일 같은 패턴으로 반복하는 것이다. 작은 반복이 쌓이면 뇌는 결국 그 행동을 '기본값'으로 인식한다. 그 순간 운동은 선택이 아니라 습관이 된다. 의지를 소모하지 않아도 몸이 먼저 반응한다. 그렇게 운동은 삶의 일부가 되고, 건강은 자연스럽게 따라온다.

조가비핵에게 시동을 걸어라.

운동은 단순히 체력을 기르는 행위가 아니다. 현대인의 건강 위기를 예방하는 가장 강력한 백신이다. 하지만 알면서도 실천하지 못하는 이유는 의지가 약해서가 아니라, 뇌가 아직 자동화하지 못했기 때문이다.

이제 답은 분명하다. **의지가 아니라 반복과 시간. 지금부터 단 3개월만 꾸준히 반복하라. 뇌의 조가비핵은 반드시 반응하고, 당신의 행동을 습관으로 바꿀 것이다.**

"결심이 필요 없는 운동, 조가비핵이 작동할 때 진짜 습관이 시작된다."

10

내 몸에 지은 죄, 멋지게 벌받는 법

편한 치료에 길들여진 사람들

사람은 누구나 살다 보면 한 번쯤 허리, 목, 어깨, 무릎 같은 관절 통증을 겪는다. 그럴 때 대부분은 병원, 한의원, 도수치료, 마사지, 진통제를 선택한다. 일시적인 통증 완화에는 분명 도움이 되지만, 근본적인 원인을 해결하진 못한다.

그 이유는 단순하다. 너무 편한 치료에 익숙해졌기 때문이다.

누워 있기만 하면 편하게 누군가 내 몸을 만져주고, 침을 놓고, 마사지를 해주고, 주사를 놓는다. 변형된 몸은 그대로인데 통증만 잠시 사라지는 것이다.

그런데 중요한 건 이거다. 잘못된 자세, 약해진 근육, 틀어진 골격은 절대 남이 고쳐줄 수 없다. 이건 스스로 바로잡아야 하는 문제다. 진짜 원인은 '중력'에 있다. 우리는 매일 앉고, 서고, 걷고, 생활하면서 중력이라는 큰 힘을 견디며 살아간다. 이 중력에 몸이 제대로 저항하지 못하면, 결국 틀어진 내 몸무게가 내 관절과 근육을 짓누르게 된다. 그 결과, 허리는 틀어지고, 목은 앞으로 빠지고, 어깨는 말리고, 무릎은 비틀린다. 이 상태가 지속되면 단순히 근골격계 통증을 넘어서 소화기계, 심폐계, 비뇨생식계 같은 장기들까지 영향을 받게 된다. 몸 전체의 기능이 무너질 수 있다는 뜻이다.

스스로 고치는 방법밖에 없다.

문제의 본질은 골격이 틀어졌다는 데 있다. 몸을 움직이는 건 겉근육이지만, 틀어진 자세를 바로 잡아주고 지탱하는 건 속근육, 즉 코어 근육이다. 틀어진 골격은 '각 관절의 가동성 회복과 속근육 훈련을 통한 자세 교정'으로 골격을 제자리로 되돌려야 한다. 이 모든 과정은 누구도 대신해줄 수 없는 일이다. 반드시 내가 스스로 해야 한다. 통증의 원인은 '남'이 만든 것이 아니다. 지금 내 몸에 나타난 통증이나 변형은 절대 우연히 생긴 게 아니다. 수년간 방치한 잘못된 자세와 생활 습관이 만든 결과다. **오래 앉아 있었던 내 자세, 운동 없이 약해진 내 근육, 편한 것만 추구한 생활 습관, 이 모든 것들이 지금의 '나'를 만든 것이다.** 그러니 책임도, 변화도 내 몫이다.

"내가 만든 문제, 내가 해결해야 한다"

근육은 남이 만들어줄 수 없다. 마사지나 약은 통증을 잠시 잊게 할 수는 있어도, 내 몸을 바로 세우진 못한다. 진짜 변화는 내가 직접 몸을 쓰고, 내 자세를 고치고, 내 근육을 다시 만들 때 시작된다. 몸이 보내는 신호를 무시하지 마라. 근육은 노력한 만큼만 생긴다. 내가 만든 문제라면, 내가 해결하는 게 맞다.

마지막으로 외치고 싶다.

"내 몸에 지은 죄, 내가 직접 멋지게 벌받자!"

> **"건강이 없는 삶은 삶이 아니다. 단지 살아 있는 상태일 뿐이다."**
>
> — 프랑수아 라로슈푸코

돌멩이와의 전쟁, 예방으로 승리하자

언덕 너머, 돌멩이가 날아온다.

지금도 언덕 너머 어딘가에서 돌멩이가 날아오고 있다.

그 돌들은 참 다양하다. 작고, 크고, 뾰족하고, 어떤 건 독까지 묻어 있다. 그 돌멩이들은 무작위로 이쪽을 향해 날아든다. 여기 있는 사람들은 각자 돌을 피하려 애쓴다. 어떤 사람은 속도가 느려 피하지 못하고, 어떤 사람은 큰 돌은 피했지만, 작은 돌에 맞는다. 운동 능력이 좋은 사람이나 돌을 피하고자 열심히 노력해 온 사람들은 간신히 피해낸다. 나는 그 곁에서 온 힘을 다해 사람들을 지키고 있다. 하지만 얼마나 더 버틸 수 있을지는 모르겠다. 그래도 멈추지 않고, 외치고 또 외치고 있다.

방법은 하나, 던지는 쪽을 멈추게 하는 것

계속 생각했다. '방패를 만들어야 하나?', '벽을 쌓아야 하나?' 하지만 그건 임

건강을 위한 최고의 선택

시방편일 뿐이었다. 진짜 해결책은 단 하나, 돌을 던지는 쪽을 찾아내 그 원인을 없애는 것. 그래야 돌이 멈추고, 싸움도 끝난다. 나는 30년 가까이 재활 운동 분야에 있다. 그중 10년은 물리치료실에서 일했다. 병원, 한의원 등 건강보험과 관련된 대부분의 시스템은 수술이나 처치 아니면 의사의 오더에 따라 주사, 약, 물리치료를 반복하며, 환자의 '현재 증상'을 해결하는 데 집중하고 있었다. 그럼에도 불구하고, 왜 사람들은 반복해서 아플까? 왜 그 치료는 끝나지 않을까?

질병의 시작은 오래전부터다.

근골격계 문제는 유전적인 문제도 많지만, 잘못된 자세나 생활 습관, 운동 부족이 가장 큰 원인이다. 오랜 세월을 거쳐 몸의 구조가 망가진 결과다. 이건 주사 한 방으로, 물리치료 몇 번으로 해결되지 않는다. 정말 필요한 건, **생활 속 적절한 운동과 바른자세 교정으로 근본적인 원인을 제거함으로써 미리 예방하는 것**이다. 하지만 의료 시스템은 그렇지 않다. 대부분 '돌멩이를 피하거나 맞은 다음'에야 반응한다. 돌이 날아오기 시작하면 이미 늦다. '돌이 날아오기 전에 막아야 한다.'

우리 몸은 분명히 신호를 준다.

몸은 문제가 생기기 전에 신호를 보낸다. 단지 우리가 그걸 모르고 지나치거나, 알면서도 '설마' 하며 넘기기 때문이다. 근골격계 질환뿐만 아니라, 심혈관질환, 당뇨병, 암, 치매 같은 병들도 사실 아주 오래전부터 신호를 보내고 있었다. 진단받은 순간부터 시작된 게 아니다. 진단은 '끝에 있는 출구' 같은 거다. 그 전에 길을 돌려야 했다.

건강은 예방에서 시작된다.

빠른 시기에 철저한 관리와 예방이 중요하다. 열심히 일하는 전문가들도 있지만, 솔직히 말하면 많은 전문가들은 예방에 최선을 다하지 않는 듯하다. 앞에 있는 이익만 생각하고, 정작 중요한 예방은 소홀히 하는 안타까운 현실이다. 일반 사람들도 마찬가지다. 건강을 가장 중요하게 생각하면서 '예방'은 소홀히 하고 있다.

시작은 어릴수록 좋다.

예방은 어린 시절부터 시작해야 한다.

정서, 섭식, 수면, 운동 이 네 가지가 건강을 만드는 핵심 요소다. 이 요소들이 교육제도 안에 철저히 자리 잡아야 한다. 지금 세상은 100세 시대를 향해 가고 있다. 건강하게 오래 사는 것은 선택이 아니라 생존의 문제다. 그래야 나이 들어서도 존엄하게, 내 삶을 스스로 지킬 수 있다.

내가 이 책을 쓰는 이유

나는 질병 예방을 위해 항상 노력해 왔다. 사람들이 돌에 맞지 않도록. 물리치료실을 나와 운동센터를 열고, 그때부터 내 싸움은 달라졌다. 맞은 뒤 치료하는 게 아니라, 맞지 않도록 막는 싸움. 예방이 진짜 필요한 일이라는 걸 이제는 누구보다 확신한다. 그래서 이 책을 썼다. 더 많은 사람에게 알려주고 싶어서!

조금이라도 빨리, 올바른 자세와 좋은 운동으로 미리 예방하여 건강을 지키자!

건강을 위한 최고의 선택

Part 2

운동으로 이룬 기적

"인간의 몸은 회복을 원하도록 설계되어 있다."

— 빅터 프랭클

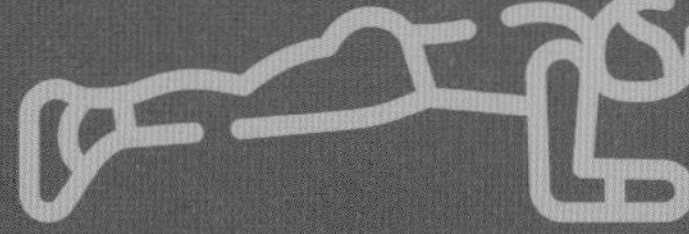

1

희망을 잃은 환자의 재활 이야기

절망의 침대 위, 눈물로 만난 시작

18년 전쯤, 통증의학과 원장님과 함께 일하던 시절이었다. 저자는 도수치료와 운동치료를 맡아 재활을 필요로 하는 환자들을 담당하고 있었다. 그날도 평범하게 시작됐지만, 주사실에서 급하게 연락이 왔다. "도와주세요. 환자 한 분이 침대에서 울고 계십니다." 55세 남성 환자였다. 허리와 다리에 극심한 통증을 호소하며, 움직일 수조차 없는 상태로 눈물을 흘리며 누워 있었다. 통증 주사를 여러 번 맞았지만 아무 소용 없었다. 통증은 오히려 심해졌고, 원장님은 이렇게 말했다.

"이제 더 이상 주사로는 안 됩니다. 다시 수술 병원으로 가보시죠."

그 말을 들은 환자분은 세상이 무너진 듯 흐느꼈다. 이미 두 차례의 허리 수술을 받았고, 더 이상의 수술도 어렵다는 진단을 받았던 상황이었다.

포기하지 않았다.

MRI를 확인했다. 퇴행성 척추관 협착증, 디스크 탈출증이 요추 전체에 퍼져 있었다. 내가 본 환자 중 가장 심각한 상태였다. 원장님은 "이 환자분은 여기서는 힘드니 보내라"고 했지만, 크게 절망하고 있는 그를 도저히 보낼 수 없었다. 환자분은 내 방으로 오셔서 이렇게 말했다.

"선생님, 저 죽고 싶습니다. 사는 게 아닙니다. 잠도 못 자고, 화장실 가는 데 30분 넘게 걸려요. 앉아서 밥 먹는 것도 힘들고, 일자리도 잃었어요. 아내가 혼자 생계를 책임지고 있고, 아이들 보기도 미안해서 그냥 끝내고 싶다는 생각만 들어요."

저자는 그 순간, 저자도 모르게 이렇게 말했다.

"제가 낫게 해드릴게요. 제 말만 믿고 따라와 주세요. 절대로 혼자 두지 않을게요."

저자마저 포기하면, 정말 극단적인 선택을 할 거처럼 보였기 때문이다.

그 말에 환자분은 안도의 한숨을 내쉬며 고개를 끄덕였다. "설령 나아지지 않더라도 이렇게 희망을 주셔서 감사합니다. 잘 부탁드립니다."

그렇게 절망 속에서 작은 희망 하나가 움텄다.

다시 걷기 위한 한 걸음

상태가 심각했기 때문에, 아주 작은 움직임부터 시작했다.

그분에게 적용한 재활 프로그램이다.

1. 도수치료 – 굳어진 관절과 근육을 부드럽게 풀기

2. 슬링 기법 – 통증을 줄이며 안전한 움직임 확보

3. 자세 교정 및 교육 – 바른 움직임을 몸에 익히기

4. 코어 근육 강화 – 척추를 지지하는 근본적 안정성 확보

5. 호흡 운동 – 복압 조절로 통증 완화와 몸의 균형 회복

초기 2주는 환자도 힘들고, 저자도 힘들었다. 하지만 그는 포기하지 않았다. 그 믿음이 점차 회복으로 바뀌기 시작했다. 한 달 뒤엔 혼자 택시 타고 내원, 두 달 뒤엔 한 시간 거리도 걸어서 올 수 있을 정도로 호전됐다.

어느 토요일 아침, 눈물의 이유?

어느 날, 환자분이 센터에 오시더니 갑자기 눈물을 흘렸다. 저자는 내심 통증이 심해졌는지 걱정이 되었다. 그런데 환자분은 웃으며 말했다.

"선생님, 저 어제 했어요."

"네? 뭘요?"

"아내랑 5년 만에 부부관계를 가졌습니다. 선생님 덕분에 다시 살게 됐습니다."

그 순간, 저자는 울컥했다. 몸이 회복됐다는 말보다 삶이 돌아왔다는 그 말이, 그 어떤 성과보다 감동적이었다. 그는 경제적으로 여유가 없었기에 치료를 더 받진 못했지만, 혼자서도 운동을 열심히 했고, 한 달 뒤엔 새 직장에 취직했다는 소식을 전했다.

회복의 열쇠는 뇌에 있다 — 신경가소성

이런 회복은 기적처럼 느껴지지만, 사실 과학적인 근거가 있다. 바로 신경가소

성(Neuroplasticity)이다. 신경가소성은 손상된 뇌와 신경이 새로운 연결을 만들며 회복하는 능력을 말한다. 즉, 몸이 아니라 뇌가 회복을 이끌 수 있다.

2021년 《Nature Neuroscience》에 실린 연구에 따르면, 운동과 재활 치료가 척수 손상 환자의 움직임 회복에 핵심 역할을 한다는 강력한 증거가 제시되었다. 만성 통증도, 뇌의 신경 회로를 다시 훈련시키면 줄일 수 있다. 이건 단순한 희망이 아니라, 실제 가능한 치료 전략이다.

의지, 움직임, 그리고 희망

그 환자분의 허리 상태는 MRI로 보면 거의 '불가능'에 가까웠다. 하지만 그는 믿음을 갖고, 작은 동작 하나하나를 성실히 따라 하며, 스스로 기적을 만들어 냈다. 우리는 모두 몸 안에 회복의 가능성을 가지고 있다. 그 가능성을 깨우는 건, 누구도 대신해줄 수 없는 나 자신의 '의지'와 '행동'이다.

"내가 포기하지 않으면, 내 몸도 포기하지 않는다."

2

잃어버린 팔을 되찾다

직업 그 이상의 사명

저자는 저자의 직업을 사랑한다. 단순히 '좋아한다'는 말로는 부족하다. 저자의 가족과 주위 사람들, 그리고 센터에 오는 이들의 건강을 지킬 수 있기 때문이다. 이번에 소개할 이야기 또한 저자의 직업에 대한 사명감을 높여 준 대표적인 일화다.

희망 없이 찾아온 한 사람

센터에 50대 중반의 여성 환자분이 내원했다. 목디스크 진단을 받았고, 통증은 목부터 오른쪽 어깨와 등까지 퍼지고 있었다. 통증 강도는 10점 중 7점. 기본적인 도수치료와 운동치료를 통해 통증은 호전되었지만, 원인은 팔에 있었다. 5년 전 교통사고로 위팔뼈 분쇄골절과 신경 손상, 두 차례의 수술에도 불구하고 팔을 들 수 없다는 진단을 받고 포기한 상태였다.

포기할 수 없었다.

한쪽 팔을 못 쓰면, 몸의 균형이 깨지고 코어가 무너진다. 그 상태에서 목디스크를 치료해도 재발은 시간문제다. 저자는 바로 팔에 대한 정밀검사를 권했다. 검사 결과, 다행히 팔을 지배하는 5개 신경이 다 손상된 것은 아니었다. 심각한 건 관절 가동성과 근력의 붕괴였다. 5년간 포기하고 팔을 전혀 쓰지 않았으니 그럴 만했다. 내가 환자분께 회복 가능성을 충분히 설명하자, 그분은 눈물을 흘리며, "선생님, 정말 제가 다시 팔을 쓸 수 있을까요?"라고 물었다.

"네. 같이 한번 해보죠. 포기하지 않으면 가능합니다."

'팔 올리기 프로젝트' 시작

그분의 재활 프로그램은 다음과 같다.

1. 코어 근육 강화 – 팔은 결국 몸의 중심에서 나오는 힘으로 움직인다. 코어를 강화하여 안정성을 강화하는 것이 첫 단계였다.

2. 견갑골 안정성 확보 – 팔 움직임의 토대인 견갑골을 정렬시키고, 주변 근육 강화를 통한 힘을 되찾는 데 집중했다.

3. 관절 및 근육 활성화 – 손가락, 손목, 팔꿈치까지 하나하나 가동성을 회복시키고, 팔 전체 근육을 깨우는 훈련을 반복했다.

하루가 멀다 하고 빠지지 않고 오셨다. 재활만을 위해 하루를 보내는 삶. 힘들었을 거다. 하지만 그분은 포기하지 않고 오직 재활에 전념했다.

6개월 만에 되찾은 삶

3개월 후, 팔을 90도까지 올릴 수 있게 되었다. 6개월 후, 설거지, 옷 입기, 양말 신기가 가능해졌다. 일상으로 돌아온 것이다. 팔이 조금씩 올라갈 때마다, 손끝에 힘이 들어올 때마다 우리는 감탄했다. 1년 뒤, 그분은 다시 요리를 하기 시작했고, 정성스레 만든 반찬을 센터에 자주 가져오셨다. 그건 감사의 표현이자, 되찾은 삶의 증거였다.

할 수 있다는 믿음

MRI로 본다면, 그분의 팔은 '불가능'한 상태였다. 하지만 그분은 믿었다. 그리고 저자는 그 믿음을 끝까지 지켰다. 회복은 절대 혼자 이룰 수 없다. 의지와 헌신이 만날 때, 모든 걸 이룰 수 있다.

"선생님, 잃어버린 팔을 찾아주셔서 정말 감사합니다!!!"
이 말이 아직도 귓가에 맴돈다. 이 직업을 사랑하지 않을 이유가 없다.

> **"운동은 시간을 빼앗는 것이 아니라, 시간을 늘려준다."**
>
> — 에드워드 스탠리

3

예쁜 옷을 입을 수 있어요

센터를 찾는 사람들의 대부분은 학생이다. 특히 중·고등학생, 그리고 그중에서도 여학생의 비율이 높다. 이들은 긴 시간 책상 앞에 앉아 있는 생활 탓에 목이나 허리에 통증을 느껴 센터를 찾는다. 몸의 상태를 평가하는 과정에서 다들 자신의 틀어진 몸을 보고 놀란다. 정상적인 척추는 정면에서 보면 일직선, 옆에서 보면 목과 허리는 전만곡, 등과 천추 부위는 후만곡을 이룬다. 척추측만증은 정면에서 척추가 S자나 C자 형태로 휘어지고, 더 무서운 건 척추 뼈가 비틀리며 회전하는 3차원 변형이 함께 일어난다는 점이다. 이렇게 한 번 휘기 시작한 척추는 회복이 쉽지 않다.

흔하지만 이유 모를 병, '특발성 측만증'

전체 척추측만증의 약 85~90%가 '특발성 측만증(Idiopathic scoliosis)'이다. 이 말은 "원인을 모른다"는 뜻이다. 그 외에도 선천성 기형에 의한 측만증, 신경근육성 질환과 연관된 측만증, 마르판증후군, 골형성부전증 등도 있지만, 이들은 대부분 의학적 개입이 필수적인 질환이다. 의학에서는 척추측만증을 완전히 고치는 건 불가능하다고 이야기한다. 병원에서는 X-ray로 콥각도(Cobb's angle)를 측정하고, 10도 이상이면 '측만증' 진단, 10~40도는 관찰 또는 보조기, 40도 이상이면 수술을 권한다.

수술 대신 희망을 선택한 한 소녀

저자가 잊지 못하는 아이가 있다. 중학교 2학년, 콥각도 40도. 이미 보조기를 착용한 채로 등교하고, 잘 때조차 벗을 수 없던 상태였다. 외모에 민감한 사춘기 소녀로 예쁜 옷은 입지도 못하고, 보조기를 차고 외출조차도 쉽지 않아서 자신감을 잃어버린 모습이었다. 부모님도 무력감과 죄책감에 힘들어하고 있었다. 저자는 이 아이에게 말해주었다. "측만증은 성장기에 관리를 잘하면, 좋아질 수 있다."

우리는 함께 굳은 각오로 재활의 첫걸음을 시작했다.

척추만 보지 마라, 몸 전체를 보라.

척추측만증 재활의 핵심은 '틀어진 척추만 바라보지 않는 것'이다. 단편적인 운동이나 일방적인 교정은 절대 근본적인 해결이 될 수 없다. 전체적인 신체 균형을 회복시켜야 한다. 다음은 척추 측만증 재활의 5가지 핵심 전략이다.

1. 근육 불균형 및 가동성 회복

도수치료를 통해 굳어진 근육을 풀어주고, 관절 가동성을 높이는 기법을 적용했다.

2. 맞춤형 교정 운동

단축된 근육을 스트레칭하고, 약화된 근육을 강화하는 맞춤형 운동을 진행

건강을 위한 최고의 선택

했다.

3. 코어를 중심으로 한 사지 운동

척추 안정성과 신체 균형을 개선하기 위한 코어를 중심으로 한 사지 강화 운동을 시행했다.

4. 균형 및 호흡 운동

신체 정렬을 회복하고, 신체 중심을 바로잡기 위한 균형 운동과 호흡을 통한 교정 운동을 병행했다.

5. 자세 교정을 위한 생활 습관 교육

올바른 자세로 앉기, 서기, 걷기뿐 아니라 하루 생활에서 할 수 있는 간단한 척추 교정 운동까지 지도했다. 특히 중요한 건 '속 근육'이다. 골반기저근, 복횡근, 다열근, 횡격막과 같은 깊은 코어 근육이 골격을 지탱하고, 움직임을 조절하는 핵심이다. 뇌와 몸의 움직임 통제 능력이 좋아지면, 편안하고 안정적인 자세가 가능해진다. 처음에는 큰 변화를 기대하기 어려웠지만, 시간이 지날수록 학생의 자세가 외형이 눈에 띄게 개선되었다.

성장기, 그 소녀의 5년간 기록과 감동의 순간

그 소녀는 중학교 2학년부터 고등학교 3학년까지 5년 동안 꾸준히 센터에 나왔다. 1년이 지나자 보조기를 벗게 되었고, 고등학교 1학년 무렵부터는 마음껏 예쁜 옷을 입을 수 있게 되었다. 그 여름방학, 소녀가 저자에게 한 말이 아직도 생생하다.

"센터장님! 예쁜 옷 입게 해줘서 정말 감사합니다."

그 말을 듣는 순간, 가슴이 뭉클했다. 물론 처음부터 척추 각도가 눈에 띄게 변하지 않았지만, 학생은 외형적으로 눈에 띄게 좋아졌고, 자신감을 되찾았다. 그게 진짜 회복이다. 2023년 《Clinical Biomechanics》 저널에 발표된 연구에 따르면, 지속적인 맞춤형 운동과 자세 교정 프로그램이 척추측만증 환자의 자세 안정성과 근력 향상에 긍정적인 영향을 미친다고 한다. 특히 성장기 아이들은 신체의 적응력이 뛰어나기 때문에, 적절한 재활을 통해 척추 정렬과 기능을 개선할 수 있다. 이처럼 조기에 바른 운동과 생활 습관을 적용하면, 진행을 막고 건강하고 멋진 몸을 가질 수 있다.

전문가여, 말 한마디에 책임을 담아라.

모든 전문가가 그런 것은 아니지만, 단정적인 말 한마디가 누군가의 인생을 무너뜨릴 수 있다.

"불가능합니다."

"어쩔 수 없습니다."

"이건 운동으로는 안 됩니다."

이런 말은 몸이 아니라 마음을 먼저 무너뜨린다. 사람이 변화하려는 시작점을 꺾어버린다.

당신의 몸은 절대 포기할 대상이 아니다. 지금 몸 상태는 과거의 결과일 뿐, 미래는 오늘의 선택으로 바뀔 수 있다.

'기적은 마음먹는 순간부터 시작된다.'

포기하지 마라. 당장 시작하라. 꾸준히 나아가라.

그 길 끝에서, 당신은 분명히 새로운 몸과 새로운 자신을 만나게 될 것이다.

4

전화위복이 된 수술 후 재활 이야기

5년 전 40대 후반의 여성이 입원 중에 전화로 재활에 대해 문의해왔다. 그녀는 건강을 위해 승마를 시작했지만, 불행하게도 말에서 떨어지는 사고를 당했고, 대퇴골 경부 골절이라는 큰 부상으로 수술을 받게 되었다. 대퇴골 경부 골절은 플레이트와 여러 개의 핀을 삽입해야 하는 고난도의 수술이 필요하며, 수술 후 회복 과정에서도 심한 통증과 운동 제한이 동반된다. 그녀는 통증에 매우 예민했고, 약물에 대한 부작용도 심한 편이라 수술 이후 상당한 고통을 겪고 있었다. 수술 후 두 달이 지나면 재활을 시작해야 하는데, 대부분의 병원이 요양 위주의 재활만 제공한다는 점에 실망을 느꼈다고 했다. 그러던 중 지인의 소개로 우리 센터에 전화를 한 것이다. 당시 그녀는 수술 후 6주가 지났는데도 침상에만 누워 있는 상태였고, 원래도 마른 체형에 근육이 적은 편이었는데 그마저도 더 빠져, 몸 전체가 눈에 띄게 쇠약해졌다고 호소했다. 너무 안타까운 심정으로 "지금부터라도 열심히 재활 운동하시면 얼마든지 좋아질 수 있습니다. 수술 후 가장 중요한 건 전신 근력을 최대한 키우는 것입니다."

이런 경우는 수술 부위 주변 근육의 위축을 막고, 무리가 가지 않는 범위 내에서 가능한 한 조기에 가동성과 기능을 회복시켜야 한다. 그러나 대부분 수술 병원에서는 이런 재활의 중요성을 간과하는 경우가 많다. 저자는 전화 상담을 통해 간단한 등척성 근력 운동과 고관절, 무릎의 가동 운동을 안내했고, 퇴원 후 즉시 센터로 와서 맞춤형 재활을 진행하기로 했다.

첫 방문, 그리고 첫걸음

일주일 후, 그녀는 목발을 짚은 채 센터에 도착했다.

평가 결과, 허리와 고관절 주변에 심한 통증이 있었고, 고관절의 가동성은 전반적으로 제한되어 있었다. 더 큰 문제는 전신의 근력 저하였다. 실제로 센터 화장실 문을 여는 힘조차 부족할 정도였다. 저자는 확신에 찬 어조로 말했다. "근육은 운동하면 생기고, 체력도 반드시 회복됩니다. 여기는 재활 전문 센터입니다. 하라는 대로만 하시면, 제가 반드시 건강하게 만들어 드리겠습니다."

그 말을 들은 그녀는 안도의 미소를 지었다.

맞춤형 재활 프로그램

1. 도수 치료 & 가동성 향상

오랫동안 굳어 있던 근육과 관절 가동성 회복을 위한 도수 기법을 적용했고, 슬링을 활용한 가동성 훈련으로 안전하고 효과적인 관절 움직임을 회복시켰다.

건강을 위한 최고의 선택

2. 코어 & 정렬 교정 훈련

골반의 비틀림과 전신 정렬 불균형을 바로잡기 위해 슬링 기반의 코어 강화 운동을 단계적으로 진행했다.

3. 보행 훈련

양측 목발 → 한쪽 목발 → 지팡이 → 보조기 없는 독립 보행까지, 부담 없는 속도로 순차적으로 훈련을 이끌었다. 통증에 민감하고 근력도 매우 부족한 상태에서 시작한 재활이었지만, 점진적이고 기능 중심의 접근이 효과를 냈다. 3개월 후, 그녀는 일상생활은 물론 어느 정도의 운동 수행도 무리 없이 가능해졌다.

예기치 못한 변수, 핀 통증

하지만 문제가 하나 남아 있었다. 수술 부위에 삽입된 핀 때문에 통증이 지속된 것이다. 마른 체형이라 핀이 피부에 더 가까이 닿고, 자극에 예민한 탓에 자는 동안에도 불편함을 호소했다. 저자는 핀 제거 수술을 권유했다. 특히 이런 경우는 유착이나 불균형으로 인해 핀이 통증을 유발하는 경우가 많고, 통증에 민감한 체질이라면 장기적으로는 큰 부담이 되기 때문이다. 그러나 병원에서는 재골절이나 무혈성 괴사 가능성을 들어 수술을 만류했다. 하지만 그녀는 내 말을 듣고 핀 제거 수술을 결심했다. 다행히도 수술은 성공적이었고, 통증은 말끔히 사라졌다. 수술을 집도한 의사도 심한 통증의 원인이 핀 유착이었다는 사실을 인정하고, 수술하길 잘했다고 말했다.

사고 이전보다 더 건강해지다.

지금도 그녀는 센터에 꾸준히 다니고 있다. 사고 전에도 체력이 약해 자주 병원 신세를 졌고, 골프를 18홀 끝까지 도는 것도 버거웠다고 한다. 그런데 지금은 27홀도 거뜬하다. 턱걸이도 가볍게 해낸다. 그녀가 참여한 프로그램은 단순히 근육만을 단련하는 것이 아니다. 바른 자세 → 정렬 개선 → 기능적 움직임 회복 → 전신 균형 강화로 이어지는 종합적 접근 방식이었다. 필라테스 바렐 스트레칭, 슬링을 이용한 상하지 트레이닝, 유럽식 소도구 그룹 운동 등을 통해 전신을 균형 있게 만들었고, 신체의 모든 운동 능력을 향상시켰다. 이 모든 기능적 트레이닝을 소화하면서 그녀는 사고 이전보다도 훨씬 건강하고 활력 있는 삶을 살고 있다. 운동하는 그녀의 모습에서 건강미가 뿜어 나올 때면, 저자 역시 흐뭇함을 느낀다. 이 일을 하는 이유가 여기에 있다.

재활은 '치료'가 아니라 '회복의 기술'이다.

사람은 누구나 예상치 못한 사고나 수술을 겪을 수 있다. 하지만 중요한 건 그다음이다. 얼마나 빠르고 효과적으로 올바르게 회복하느냐. 재활은 단순히 운동 몇 개를 반복하는 것이 아니다. 신체의 구조를 이해하고, 통증을 다루며, 마음까지 치유하는 과정이다. **조기 재활은 근육 손실을 줄이고, 일상으로의 복귀를 앞당기며, 궁극적으로는 수술 이전보다 더 건강한 삶으로 이끌어 준다.**

그녀는 요즘도 운동이 끝날 때면 이렇게 말하곤 한다.
"센터장님, 저는 평생 액티브코어 운동센터 다닐 거예요!"
그 말 한마디가 내게는 큰 보람이다.

   건강을 위한 최고의 선택

5

인생을 바꾼 액티브코어 운동센터

한 사람의 인생이 바뀌는 데에는 단 한 번의 '만남'이 큰 전환점이 되기도 한다. 이 이야기는 건설 안전 관리 회사에 근무하면서 프로리그 축구심판으로 활동 중인 46세 남성이, 액티브코어를 만나면서 신체적 한계를 넘어 진짜 자신을 다시 만난 이야기다.

그는 초등 때부터 프로축구선수를 꿈꿨지만, 잦은 부상과 선천적인 허약 체질로 인해 고등학교 때 그만두어야 했다. 축구에 대한 열정은 쉽게 사라지지 않았고, 결국 31세에 축구심판으로 전환해 제2의 길을 걷기 시작했다. 심판 생활 1년 후인 2012년에는 중학교 시절부터 누적된 발목 부상으로 결국 발목 수술까지 받게 되었고, 이후 3개월간 재활 치료를 받았지만, 그해 심판 체력 테스트에서 낙방했다. 고강도 테스트를 치르기엔 통증, 가동성 제한, 불안정성이 너무 컸다.

그는 이 절박한 시기에 후배 심판의 소개로 '액티브코어'를 알게 됐다. 체력 테스트까지 단 한 달 남은 상황, 마지막 희망을 안고 센터를 찾은 것이다. 다음은 그가 한 이야기다.

"처음 센터에 들어서자마자 여긴 다른 운동센터와는 다르다고 느꼈다. 눈에 띈 건 유럽식 재활 장비, 다양한 종목의 운동선수들, 그리고 단순한 트레이너가 아닌 전문가의 아우라를 지닌 센터장이었다. 센터장은 단순히 내 발목만 보지 않았다. 전신 정렬을 분석하여 척추 측만과 골반 비대칭이 발목 문제의 근본 원인이라는 정확한 진단을 내렸다. 타 재활센터에서는 이런 평가를 받아 본 적이 없었다. 지금까지 '문제의 원인'을 치료하지 못했기에 반복된 통증이 이어졌던 것이다. 그날부터 나는 한 달 동안 하루 4시간씩, 전심전력을 다했다. 도수치료, 슬링 운동, 균형 훈련, 기능적 트레이닝 등의 근본 해결에 초점을 맞춘 훈련과 특화된 심판 체력 테스트 준비 프로그램까지 최선을 다했다. 마침내 나는 테스트에 합격하자마자 눈물을 흘리며 가장 먼저 센터장님께 감사 전화를 드렸다."

축구심판은 단순한 직업이 아니다. 선수 못지않은 체력과 민첩성, 판단력이 필요한 고난도 직업이다. 경기장 끝까지 몇 번씩 전력질주를 하며, 수십 가지의 상황을 동시에 읽어내야 한다. 그래서, 꾸준한 트레이닝과 부상 예방 관리는 필수다. 지금 그는 46세라는 나이가 무색할 만큼, 젊은 심판들보다 더 뛰어난 운동 능력을 자랑하며 활동 중이다. 지금까지도 액티브코어에서 주 3회 이상 꾸준히 운동하며, 신체적 약점을 점점 강점으로 바꾸고 있다. 그는 종종 이런 생각을 했다고 한다. "선수 시절 이런 훈련 시스템을 만났더라면, 훌륭한 프로축구 선수가 되지 않았을까?" 하지만 그는 현재 자신이 건강하게 충분히 즐거운 삶을

    건강을 위한 최고의 선택

살고 있기 때문에 전혀 후회가 없다. 이 사례는 단지 한 사람의 변화가 아니라, 모든 사람에게 던지는 메시지다. 체계적인 재활과 운동, 몸 전체를 보는 시선, 그리고 끈기 있는 실천은 누구에게나 삶을 바꿀 기회를 줄 수 있다.

2023년 《Journal of Sports Science & Medicine》에 발표된 연구에 따르면, 균형 잡힌 근육 강화와 체형 교정 운동은 부상 위험을 45% 이상 줄이고, 경기력도 높인다. 유럽 프로축구팀들이 채택하는 재활 방식은 단순한 부상 치료가 아닌, 몸 전체의 구조적 균형을 복원하는 접근이다. 이는 액티브코어의 철학과 완벽히 맞닿아 있다. 단순한 통증 해결이 아닌, 신체 정렬, 코어 안정화, 기능 회복, 그리고 삶의 질 향상까지.

그는 말한다.
"내가 이렇게 건강하고 활기차게 살 수 있는 이유는 액티브코어 덕분입니다."
그리고 오늘도 그는 액티브코어에서 자신의 몸을 다듬으며, 진짜 '건강의 의미'를 실천하고 있다.

"희망은 행동할 때 가장 강해진다."

— 노먼 빈센트 필

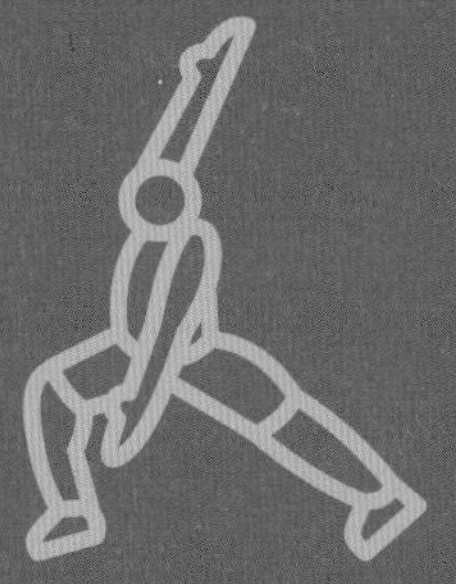

Part 3

잘 먹기

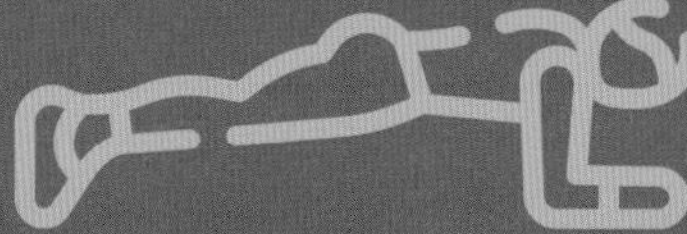

"우리는 우리가 먹는 것이 된다."

— 장 앙텔름 브리야사바랭

1

잘 먹고, 잘 쓰자
- 건강한 식습관과 에너지 활용법

음식은 곧 몸이다.

"먹는 게 곧 나다." 우리가 매일 입에 넣는 음식은 단순히 에너지원이 아니라 내 몸을 구성하는 재료다. 좋은 음식을 섭취하면 좋은 몸이 만들어지고, 반대로 나쁜 식습관은 조용히 건강을 무너뜨린다.

나에게 맞는 식습관이 따로 있다.

요즘은 정보가 너무 많다. "탄수화물 줄여라, 단식이 답이다, 소식이 장수 비결"

다 맞는 말일 수 있다. 하지만 모두에게 정답은 아니다. 식단은 나이, 성별, 활동량, 체질, 질환 여부 등 개인의 조건에 따라 달라져야 한다. 진짜 건강한 식습관은 '무조건 줄이는 것'이 아니라 균형 있게 잘 먹는 것이다.

건강을 위한 최고의 선택

한식으로도 건강한 식단이 충분히 가능하다. 현미밥, 나물 반찬, 된장국, 생선구이, 김치, 쌈채소 등등. 단, 단백질은 반드시 충분히 섭취해야 근육 유지가 가능하다.

건강한 식사의 롤모델 – MIND 식단

MIND 식단은 지중해식 식단과 고혈압을 예방하는 DASH(Dietary Approaches to Stop Hypertension) 식단의 조합으로 뇌 건강, 심장 건강, 전신 질환 예방에 효과적이다.

식단의 기본 원칙 – 골고루, 자연 그대로

건강한 식사는 결국 탄수화물, 단백질, 지방, 미네랄, 비타민을 골고루 섭취하는 데서 시작된다. 식재료를 가공하기 전 원형 그대로 먹는 것. 그게 건강한 식단의 핵심이다.

- 현미·잡곡 등 정제되지 않은 곡물
- 계절 채소와 다채로운 색의 채소류
- 두부, 생선, 콩, 견과류 등의 양질의 단백질
- 올리브오일, 아보카도 같은 좋은 지방

피해야 할 식품 리스트

지금 건강을 위협하는 건 '과식'보다 '과가공'이다. 피해야 할 식품은 다음과 같다.

- **단순당** – 설탕, 사탕, 탄산음료, 시럽

- **정제 곡물** – 흰쌀, 밀가루로 만든 빵과 떡
- **초가공식품** – 햄버거, 피자, 소시지, 과자, 에너지음료

연구에 따르면, 매일 초가공식품 4종 이상 섭취하는 사람은 그렇지 않은 사람보다 사망 위험이 62% 더 높다. 또한, 초가공식품은 비만, 당뇨, 심혈관 질환, 우울증, 치매, 암의 위험을 높인다.

먹는 것보다 더 중요한 건 '어떻게 쓰느냐'

많은 사람이 이런 질문을 한다. "저는 많이 먹지도 않는데, 왜 살이 찔까요?" 답은 간단하다. 먹은 만큼 안 쓰면, 남은 건 다 '지방'이 된다. 즉, 살이 찌는 건 먹어서가 아니라, 먹고 나서 쓰지 않기 때문이다. 근육은 에너지를 가장 많이 소모하는 조직이다. 가만히 있을 때도, 자는 동안에도 근육이 많으면 더 많은 칼로리를 태운다. 근육을 잘 만들고, 그 근육이 연료를 쓰게 만들면 먹는 게 두렵지 않다. 운동과 식습관이 함께 갈 때, 비로소 '먹은 만큼 쓰는 몸'이 만들어진다.

스트레스 없이 먹고 싶다면?

많은 사람이 음식을 먹으며 죄책감을 느낀다. "이거 먹으면 살찌는 거 아닌가…"

이런 불안은 몸에도 진짜 해롭다. 꾸준한 운동으로 충분한 근육이 있으면 몸은 자연스럽게 음식을 잘 쓰는 시스템으로 바뀐다. 그럼 더 이상 음식 앞에서 고민하지 않아도 된다. 저자도 그렇다. 가리는 음식 없이 먹고, 꾸준히 운동하며, 건강과 체형 모두 유지하고 있다.

핵심은 '잘 먹고, 잘 쓰는 습관'이다.

잘 먹자. 자연 그대로, 골고루, 충분히.

잘 쓰자. 근육을 움직이고, 에너지를 태우고, 회복하자.

스트레스 없이 먹고, 걱정 없이 소화하고, 기분 좋게 살아가자.

이것이 바로 음식을 두려워하지 않는 몸을 만드는 방법이다.

"좋은 거 먹고, 좋은 운동으로 평생 건강한 삶을 살자."

2

단백질이 부족하면 아무리 먹어도 약해진다
- 몸을 지탱하는 진짜 영양소 이야기

단백질이 왜 중요한가?

"탄수화물은 에너지, 지방은 연료, 그럼 단백질은?"

단백질은 몸 그 자체다. 근육, 뼈, 피부, 모발, 호르몬, 효소….

거의 모든 신체 구성 요소는 단백질로 이뤄져 있다. 단백질은 단순한 영양소가 아니라, 몸의 설계도와 건축 자재를 동시에 맡고 있다. 그래서 단백질이 부족하면 먹어도, 운동해도, 쉬어도 몸이 회복되지 않는다.

단백질 부족, 이렇게 나타난다.

- 운동해도 근육이 붙지 않는다.
- 상처가 잘 낫지 않는다.
- 피부가 푸석푸석하고 탄력이 없다.

- 면역력이 떨어진다.

- 머리카락이 잘 빠진다.

- 체중이 줄어도 근육부터 빠진다.

- 특히 다이어트 중이거나 40대 이후에는 단백질 부족이 더 치명적이다.

어느 정도 먹어야 할까?

- 일반적인 기준 – 성인 기준 체중 1kg당 1.2~1.5g

- 운동을 하는 경우 1.6~2.2g까지 필요. 예: 체중 60kg → 하루 90g 정도 필요

- 달걀 하나 6g, 닭가슴살 100g이 약 25g, 두부 반 모 약 8g

- 단백질은 하루 세끼 나눠서 섭취하는 게 가장 좋다.

- 한 번에 몰아서 먹는 건 효과가 떨어진다.

식물성 단백질 vs 동물성 단백질

- 동물성: 흡수율 좋고 아미노산 균형 완벽

  예: 고기, 생선, 계란, 유제품

- 식물성: 섬유질 풍부, 심혈관 건강에 도움

  예: 콩, 두부, 견과류, 통곡물

둘 다 중요하다. 식물성으로 기초를 깔고, 동물성으로 효율을 보완하자.

단백질 + 운동 = 회복의 공식

- 운동은 근육을 자극하고, 단백질은 그 자극을 회복으로 바꾼다.

- 운동 후 30분 이내 단백질 섭취는 근육 회복과 성장에 결정적이다.

• 근육이 곧 면역이고, 에너지 소비고, 몸의 기본이다.

"단백질이 부족하면, 아무리 먹어도 약해질 뿐이다."

> "음식은 약이 될 수도, 질병이 될 수도 있다. 선택은 늘 당신의 몫이다."
>
> — 히포크라테스

3

언제 어떻게 먹느냐가 더 중요하다

똑같이 먹어도 살이 찌는 사람과 안 찌는 사람

많은 사람들이 칼로리 계산에 집착한다.

"어제보다 300칼로리 적게 먹었는데 왜 살이 안 빠지지?"

하지만 다이어트의 성패는 칼로리가 아니라 타이밍과 순서에서 갈린다.

다이어트는 '먹는 양'의 문제가 아니라, '먹는 방법'의 문제다.

순서가 무너지면, 혈당도 무너진다.

밥부터 먹거나, 단 음료부터 마시면 혈당이 급상승하고, 그걸 떨어뜨리기 위해 몸은 인슐린을 과다 분비한다. 결과는 지방 저장, 급격한 피로, 폭식 유발, 당뇨 위험이 증가한다.

올바른 식사 순서 4단계

1. 물 한 잔

식사 전 5~10분 전에 수분 섭취 → 소화 활성화 + 과식 예방

2. 채소부터 시작

식이섬유가 당 흡수 속도 조절 → 포만감 형성 + 혈당 안정

3. 단백질을 중심으로

계란, 생선, 두부, 고기 등 → 근육 유지 + 대사 촉진

4. 탄수화물은 마지막에

밥, 빵, 면은 순서 마지막 → 인슐린 분비 최소화 + 에너지 안정

왜 이 순서가 중요한가?

같은 음식을 먹어도 순서만 바꾸면 혈당 반응이 달라진다. 혈당이 안정되면, 폭식도 줄고, 지방도 덜 쌓인다. 이건 이론이 아니라, 실제 임상에서 입증된 전략이다.

다이어트에 '의지'보다 '전략'이 먼저다.

의지로 참는 다이어트는 실패한다. 하지만 구조를 이해한 다이어트는 성공할 수 있다. 순서가 바뀌면 습관이 바뀌고, 습관이 바뀌면 체질도 바뀐다.

다이어트는 '얼마나'보다 '어떻게'가 중요하다.
잘 먹는 순서가, 덜 먹는 것보다 훨씬 강하다.

4

식욕을 다스리는 뇌 사용법

먹고 싶음을 이기는 건, 의지가 아니라 뇌 구조다.

"배가 고픈 게 아니라, 입이 심심한 거예요." 식욕은 단순한 생리 반응이 아니다. 뇌는 감정과 기억, 보상 시스템과 연결되어 우리를 계속 먹게 만든다. 즉, 식욕은 감정 → 습관 → 중독으로 이어지는 복잡한 '뇌 패턴'의 결과다.

당신의 식욕을 조종하는 두 가지 뇌 구조

1. 시상하부(Hypothalamus)

배고픔, 포만감을 조절하는 생존 중추, 렙틴(포만), 그렐린(공복) 호르몬에 반응한다.

2. 도파민 시스템

맛있는 음식 → 도파민 분비 → 쾌감→ 반복적 섭취 욕구→ 중독 유사 회로

형성.

식욕을 다스리는 5가지 전략

1. 정해진 시간에 먹기

불규칙한 식사는 뇌를 혼란시켜 '가짜 배고픔'을 자극한다.

2. 단맛은 피하되, 없애진 말기

금지보다 절제. 단맛을 완전히 차단하면 오히려 폭발한다.

3. 물과 식이섬유 먼저 채우기

물과 채소로 위를 안정시키면 뇌의 허기 신호를 늦출 수 있다.

4. 먹는 환경 정리하기

TV, 스마트폰, 서서 먹기 → 과식 유도 → 뇌가 음식 섭취를 '인식'하지 못한다.

5. 감정 식욕 따로 보기

슬픔, 스트레스, 지루함 → 식욕과 착각

일기, 산책, 통화 등으로 대체 루틴 만들기

식욕은 참는 게 아니라 훈련하는 것이다.

감정 식욕, 보상 식욕, 중독 식욕 등, 이 모든 건 뇌가 만든 회로다. 그러니 다스릴 수 있다. 음식은 적이 아니다. '먹는 나'와 '먹고 싶어 하는 뇌'를 분리해서 관찰할 때, 진짜 통제가 시작된다.

"배고픈 게 아니라, 익숙했던 거다.

식욕은 끊는 게 아니라 이해하고 재훈련하는 것이다."

5

당신의 장(腸)이 당신의 기분을 바꾼다
- 행복과 불안은 장에서 시작된다

왜 '장'이 기분을 좌우할까?

"속이 편해야 기분도 편하다" 이 말은 단순한 표현이 아니다.

과학적으로도, 장과 감정은 연결되어 있다. 장은 '제2의 뇌'라고 불릴 만큼 정신 건강에 큰 영향을 미친다.

장과 뇌는 어떻게 연결되어 있나?

장-뇌 축(Gut-Brain Axis)

장은 1억 개 이상의 신경세포를 가진 거대한 신경망이다.

장에서 만들어지는 세로토닌(행복 호르몬)은 전체의 약 90%로 장내 균형이 무너지면 불안, 우울, 집중력 저하가 발생할 수 있다.

즉, 마음의 문제는 때로는 뇌가 아니라 장에서 시작된다.

장이 건강하면 기분이 좋아진다.

장내 미생물이 균형을 이루면 염증이 줄고, 신경전달물질 생성이 활발해져, 뇌로 긍정적인 신호가 간다. 반대로 장에 염증, 변비, 설사, 과민성대장증후군이 있으면, 기분은 침체되고, 스트레스 반응은 과도해진다.

트라우마와 소화의 연결

"마음이 불편하면, 속이 먼저 아프다"

불안하거나 슬플 때, 속이 메스껍고, 입맛이 떨어지고, 배가 아프다. 이런 현상은 단순한 우연이 아니다. 장과 감정은 매우 정밀하게 연결되어 있다.

당신의 '속앓이', 어쩌면 '마음앓이'일 수 있다.

장은 감정을 기억하는 기관

장에는 자율신경계와 밀접하게 연결된 신경망이 있다. 장 신경은 뇌의 명령 없이도 독립적으로 감정을 반응시킨다. 특히 트라우마, 공포, 상실감 같은 감정은 장내 신경계에 기억처럼 남아, 반복적인 장 트러블로 이어질 수 있다.

감정을 억누르면, 장이 대신 앓는다.

억눌린 감정은 코르티솔(스트레스 호르몬)을 지속적으로 분비한다. 장내 미생물 균형이 무너지고, 세로토닌 생성이 감소되며, 기분이 가라앉고, 소화도 악화된다

결국, 소화기관은 감정의 방파제 역할을 한다.

감정이 편안해야 소화도 편안하다.

장을 위한 식단 습관 4가지

발효식품 챙기기

→ 김치, 요구르트, 된장, 청국장, 케피어

식이섬유 늘리기

→ 채소, 해조류, 귀리, 사과, 바나나

물 충분히 마시기

→ 수분이 장내 환경의 흐름을 결정

과식·야식 줄이기

→ 장의 리듬이 깨지면 신경계도 불안정

"생각보다 당신의 기분은 '배 속'에 있다.

장 건강이 곧 뇌 건강이다."

6

현명한 다이어트
- 건강하고 지속 가능한 몸 만들기

"다이어트 해야지~" 아마 오늘도 수많은 사람이 입에 올릴 말이다.

"오늘까지만 먹고, 내일부터 진짜 시작할 거야."

"운동은 해야 하는데… 시간이 없네." 이 말이 익숙하다면 이미 다이어트의 함정에 빠져 있다. 다이어트를 '단기간 체중 감량'으로 착각하면, 실패는 예고된 일이다. 잠깐 줄었다가 금세 돌아오는 요요, 반복되는 폭식, 그리고 점점 약해지는 대사 기능. 결국 몸은 더 망가진다.

다이어트, 개념부터 다시 세우자.

다이어트는 단순한 살빼기가 아니다. 내 몸을 이해하고, 건강한 습관을 설계하는 '삶의 재구성'이다. 극단적인 단식, 원푸드, 2주 챌린지 같은 유행식 다이어트는 처음엔 빠지는 듯 보여도 근육이 먼저 손상되고, 수분과 글리코겐이 빠진

건강을 위한 최고의 선택

자리엔 지방이 다시 쌓인다. 기초대사량이 낮아지면, 같은 음식을 먹어도 더 쉽게 찐다. 이것이 바로 요요의 악순환이다. **건강한 다이어트는 '빨리'가 아니라 '오래'가 핵심이다. 한 번의 단식보다 꾸준한 루틴이, 하루의 결심보다 평생의 습관이 중요하다.**

체중보다 중요한 건 '구성'이다.

"운동하는데 체중이 안 빠져요, 오히려 늘었어요." 이 말은 센터 회원들이 자주 하는 하소연이다. 하지만 그건 실패가 아니라 변화의 신호다. 근육은 지방보다 무겁기 때문에, 체중이 늘어도 체형은 좋아진다. 몸의 라인, 자세, 체온, 피로도는 변화의 지표다.

체중계 숫자에 매달리기보다 거울 속 내 모습과 오늘의 컨디션에 집중하라. 다이어트는 체중의 문제가 아니라 체지방 문제다. **지방이 줄고 근육이 늘면, 같은 체중이라도 훨씬 가볍고 건강해진다.** 진짜 다이어트는 숫자가 아니라 느낌의 변화로 확인된다.

마른 몸이 예쁜 몸일까?

많은 여성들이 말라야 예쁘다고 믿는다. 그러나 진짜 아름다움은 균형과 건강에서 온다. 아이돌이나 모델의 몸은 매일 훈련과 식단 조절의 결과다. 운동 없이 섭취만 줄이는 다이어트는 근육 손실, 피로, 무기력, 생리불순, 골다공증까지 부른다. 겉은 마른 듯해도 속은 노화된 몸, 이른바 '마른 비만'이다.

"운동하면 팔, 다리가 굵어질까 봐 걱정돼요." 많은 여성이 하는 말이다. 하지만 걱정할 필요 없다. 여성은 남성보다 근육 발달 호르몬이 적어 보디빌더처럼 되는 건 거의 불가능하다. 오히려 적당한 근육이 있어야 체형이 살아난다. 탄력 있는 엉덩이, 매끈한 팔, 바른 자세—모두 근육이 만든다. **근육 없는 예쁜 몸은 없다.**

현명한 다이어트를 위한 3단계 실천 가이드

1단계는 하루 루틴이다. '작은 행동'이 몸을 바꾼다

아침에는 눈뜨자마자 물 한 컵과 5분 스트레칭으로 밤새 쌓인 노폐물을 배출하고, 하루의 대사 스위치를 켠다. 식사는 채소, 단백질, 탄수화물 순서로 하는 것이 혈당 급상승을 억제하고, 포만감을 지속시킬 수 있다. 카페인 섭취는 오후 2시 이전이 좋고, 잠자기 4시간 전에 식사는 끝낸다.

2단계는 운동 루틴이다. '꾸준함'이 근육을 만든다.

유산소 30분 + 근력 운동 20분: 하루 50분, 주 4회가 이상적이다.

엘리베이터 대신 계단, 주차장은 일부러 멀리, 전화는 서서 받기. 이렇게만 해도 하루 200~300kcal 추가 소모된다. 근육이 늘면 '쉬는 중에도' 다이어트가 된다.

3단계는 마음 루틴이다. '마인드셋'이 결과를 결정한다

남의 몸은 내 기준이 아니니 남과 비교하지 마라. 오늘의 나보다 내일의 나를 이기는 게 진짜 성장이다. "먹는 보상" 대신 "움직이는 보상"으로 전환하라. 좋은 예로 운동 후 카페 대신 산책, 스트레칭, 좋은 음악 듣기.

건강한 다이어트는 평생의 자산이다.

건강한 다이어트는 체중 감량이 아니라, 몸과 마음을 재설계하는 일이다. 하루 세끼를 조금 더 의식적으로 먹고, 잠을 잘 자고, 꾸준히 움직이는 것. 그 단순한 행동이 내 인생의 에너지를 바꾼다. 체중계보다 거울, 숫자보다 습관, 생각보다 실천이 중요하다.

오늘 하루의 선택이 쌓여 내일의 내 몸이 된다. 다이어트의 본질은 '제한'이 아니라 '균형'이다. 먹되 잘 먹고, 쉬되 바르게 쉬며, 움직이되 즐겁게 움직이는 것. 극단 대신 지속을, 단기 대신 평생을 선택하라.

다이어트는 자신을 줄이는 일이 아니라, 진짜 나를 회복하는 여정이다.
**"나는 나를 더 사랑하기 위해 오늘도 더 건강하게 산다." 이 마음이야말로,
세상에서 가장 현명한 다이어트다.**

7

뱃살은 습관의 결과, 근육은 최고의 해답이다

복부비만은 단순히 나이 탓도, 체중 탓도 아니다.

진짜 원인은 '생활 루틴의 붕괴'다. 나이가 들수록 대사율이 떨어지는 것은 사실이지만, 내장지방은 나이를 이유로 쌓이지 않는다. 몸은 우리가 매일 반복하는 습관을 기억한다. 내장지방은 피부 밑에 보이는 피하지방보다 훨씬 위험하다. 장기 사이사이에 숨어 염증을 일으키고, 호르몬 균형을 깨뜨리며, 인슐린 저항성을 높인다. 이 지방이 많을수록 당뇨병, 고혈압, 고지혈증, 심혈관 질환, 심지어 치매 위험까지 커진다. 문제는 이 지방이 눈에 보이지 않는다는 점이다. 그래서 겉모습은 날씬해 보여도, 실제로는 '마른 비만' 상태일 수 있다.

뱃살을 부르는 나쁜 루틴

아침을 거르고, 야식을 자주 먹고, 하루 대부분을 앉아서 보내고, 스트레스를 단 음식으로 달래며, 폭식 후 바로 눕는 패턴이다. 이런 작은 행동들이 하루, 한 달, 몇 년씩 쌓이면 몸의 대사 리듬은 완전히 무너진다. 결국, 지방이 아니라 습관이 복부를 만든다.

지방을 이기는 루틴 5가지

- 아침 30분 걷기 → 인슐린 민감성을 높이고 지방 대사를 촉진한다.
- 식후 15분 움직이기 → 혈당 급상승을 막고 소화를 돕는다.
- 저녁 7시 이전 식사 → 야간 대사 부담을 줄인다.
- 단백질 중심 식사 → 체온을 유지하고 기초대사량을 높인다.
- 하루 2리터 이상 수분 섭취 → 노폐물 배출과 림프 순환을 촉진한다.

생활 습관이 바뀌면, 지방도 사라진다. 뱃살은 음식이 아니라 루틴으로 생기고, 루틴으로 사라진다.

근육은 최고의 다이어트 파트너

많은 사람이 다이어트를 '먹는 것의 문제'로만 생각한다. 하지만 다이어트의 진짜 열쇠는 근육이다. 근육은 단순히 몸의 라인을 만드는 조직이 아니라, 몸 안의 지방 연소 공장이다. 가만히 있을 때조차 근육은 에너지를 소비한다. 근육이 많을수록 기초대사량이 높아지고, 같은 음식을 먹어도 덜 찌는 체질이 된다. 즉, "근육이 많은 몸"이 곧 "칼로리를 더 쓰는 몸"이다.

강한 몸은 회복력에서 시작된다.

운동이든 다이어트든, 결국 버티는 힘은 '회복력'에서 나온다. 피로에서 빨리 회복하고, 스트레스에서 균형을 되찾고, 체중이 일시적으로 올라가도 다시 제 자리를 찾는 힘. 그게 진짜 건강이다. 회복력을 키우는 3가지 핵심은 단순하다.

첫째, 수면이 모든 회복의 출발점이다. 둘째, 영양으로 단백질, 미네랄, 오메가 3, 수분이 기본이다. 셋째, 저강도 회복 운동으로 걷기, 스트레칭, 요가로 순환을 돕는다. 운동보다 더 중요한 건 회복하는 힘이다. 지속 가능한 건강은 무리한 다이어트가 아니라, 매일의 회복 루틴에서 만들어진다.

"뱃살은 나쁜 습관의 결과이고, 근육은 최고의 다이어트 해법이며, 건강한 몸은 회복력에서 완성된다."

"음식은 하루 세 번, 몸의 미래를 결정한다."

— 마이클 그레거

8

물은 최고의 선물이다

"물은 근육을 깨우는 가장 빠르고 확실한 방법이다."

물은 단순한 음료가 아니다. 인체의 '대사 엔진'을 돌리는 진짜 연료다. 근육의 70%는 물로 이루어져 있고, 혈액의 83%, 뇌의 73%, 폐의 83%도 물이 차지한다. 즉, 물은 근육·폐·심장·뇌까지 모든 시스템을 작동시키는 생체 엔진 오일이다.

물이 운동 기능과 근육 성장을 결정한다.

근육 수축의 핵심은 전해질과 수분의 균형이 필수적이다. 근육은 칼슘·나트륨·칼륨 등 전해질 신호로 수축한다. 수분이 조금만 부족해도 근육 경련(쥐), 근육 반응 속도 저하, 수축력 감소가 일어난다. 즉, 물 부족은 운동을 못하는 게 아니라 근육이 말을 안 듣는 상태를 만든다. 물은 혈액 점도(점성)를 줄여주어, 즉 혈액을 '묽게' 만들어 근육으로 산소와 영양소 공급을 증가시키고, 젖산 제거 속도를 빠르게 해준다. 결국, 지구력, 파워, 회복속도를 올려준다. 스포츠 생리학 연구에 따르면, 체수분 2% 감소는 운동능력을 약 10% 감소, 체수분 5% 감소는 운동능력을 30% 이상 감소시킨다. 똑같이 운동해도 "물 잘 마신 사람과 물 안 마신 사람"의 차이는 근육 회복 속도나 운동 질 향상에 큰 영향을 준다.

운동 전·중·후 수분 전략 (최적화 프로토콜)

운동 전 200~300ml의 물 섭취는 근육에 시동을 건다. 혈액을 '깨워' 근육에 혈류를 보내 예열시킨다. 물 부족 상태에서 운동 시작하면 초반부터 컨디션이 떨어질 수밖에 없다.

운동 중에는 20분마다 한 모금 정도의 물을 섭취하여 땀으로 빠지는 전해질을 보충해야 한다. 이는 근육 경련 예방과 체온 상승을 억제한다. 150~250ml 정도의 물 섭취는 혈액 순환이 잘 유지되어 운동수행능력을 증가시킨다.

운동 후에 500~700ml 정도의 수분 섭취는 회복의 시작이 되고, 젖산(Lactate)을 빠르게 희석·배출 시킨다. 그리고 근단백질 합성과 회복을 위한 혈류 공급을 증가시켜 다음날 '근육통 감소'에도 큰 기여를 한다.

하루 수분 섭취 공식

하루 물 섭취 기본 공식을 보면, 몸무게(kg) × 30ml(예: 70kg → 2.1L), 운동량과 땀이 많은 날은 0.5~1L 추가한다. 너무 많이 마시는 것도 위험하다. 짧은 시간에 4L 이상 과섭취는 저나트륨혈증(혈중 나트륨 과도하게 낮아짐)과 두통, 구역감, 혼란, 심하면 의식 저하가 나타날 수 있다. 물은 갑자기 많이가 아니라 **나누어 천천히**' 마시는 게 좋다.

   건강을 위한 최고의 선택

물이 만드는 건강 변화

• 체지방 분해 증가

체지방 분해에 중요한 리파아제(Lipase) 효소는 수분이 충분할 때 가장 활발히 작동한다.

• 피부 탄력과 노화 예방

콜라겐 조직의 수분을 공급하여 주름 개선 및 피부 탄력을 유지한다.

• 뇌 기능 활성화

탈수 1%만으로도 집중력과 기억력이 즉시 감소한다.

• 심혈관 건강

혈액 점도를 묽게하여, 혈압을 안정시키고 심장 부담을 줄인다.

• 면역 시스템 강화

체내 노폐물과 염증 부산물 배출 시스템을 가동한다.

• 소화 및 장 기능 개선

수분 부족 시 변비을 유발하고, 복부팽만, 코어 불안정, 허리 통증으로 이어진다.

운동의 시작도, 끝도 결국 물이다.

근육은 물을 먹고 반응하며, 물을 통해 성장한다.

"물을 잘 마시는 것은 운동을 잘하는 가장 쉽고 빠른 스킬"이다.

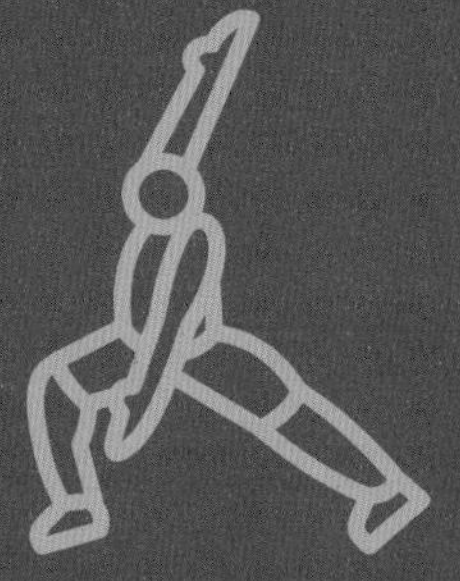

Part 4

잘 자기

"잠을 줄여 얻는 것은 없고, 잃는 것은 전부다."

— 매튜 워커

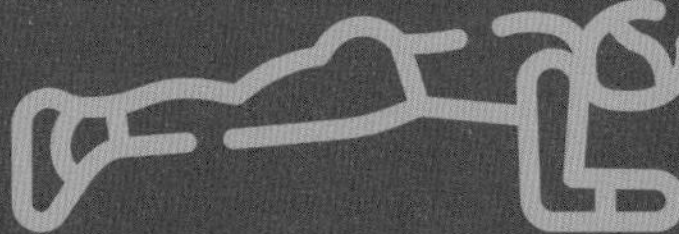

1

잠은 몸을 위한 최고의 충전이다
- 수면이 회복이고, 면역이고, 기억이다

핸드폰은 밤마다 충전하면서, 내 몸은 충전하지 않고 쓰고 있지 않은가?

우리는 핸드폰 배터리가 10%만 남아도 불안해한다. 하지만 정작 내 몸은 매일 방전된 상태로 버텨내고 있다.

"잠은 선택이 아니다. 생존이다."

수면은 단순한 휴식이 아니라, 몸과 뇌를 회복시키는 핵심 루틴이다.

내 몸이 망가졌던 시절

저자가 20대 후반, 병원에 근무하면서 물리치료학과를 다닐 때다. 낮에는 병원 일, 밤에는 장학금을 받기 위한 공부, 그리고 부족한 생활비를 채우기 위해 야간까지 아르바이트를 해야만 했다. 잠을 하루 5시간도 못 자다보니, 저자의 몸은 조용히 무너지고 있었다. 시력이 급격히 나빠지고, 흰머리가 늘고, 근육이 줄고, 기력이 떨어졌다. 젊고 건강하다는 자만심에 저자는 가장 중요한 회복 루틴인 '잠'을 등안시 했다.

수면 부족은 몸을 갉아먹는다.

수많은 연구들이 경고한다. 하루 7시간 미만의 수면을 지속하면 면역력이 저하되고, 대사장애와 2형 당뇨, 심혈관 질환, 우울증, 기억력 저하까지 건강을 해친다.

특히, 수면은 뇌 건강과 직결된다. 잠자는 동안, 뇌는 기억을 정리하고, 감정을 처리하며, 독소를 청소한다. 좋은 수면은 곧 치매, 알츠하이머, 우울증을 예방하는 뇌의 백신이다.

수면은 단순히 '자는 것'이 아니다.

수면은 뇌와 몸이 치유되는 과정으로 비렘수면(Non-REM)과 렘수면(REM) 두 가지 단계로 구성되며, 매일 밤 4~6회 주기로 반복된다.

비렘수면 – 몸의 회복이 시작되는 시간

1단계는 수면으로 진입하는 얕은 단계로 몇 분간 지속된다.

2단계는 중간 수면 단계로 수면 시간의 50% 이상 차지한다. 심박수, 체온, 뇌파가 모두 느려지고, 진정한 휴식이 시작된다.

3단계는 심부 수면 단계로 신체 회복, 면역 강화, 성장호르몬 분비, 뇌의 단기 기억이 정리 및 저장된다.

이 단계가 숙면의 질을 결정한다.

렘수면 – 뇌가 꿈꾸며 성장하는 시간

수면 시작 후 약 90분 후 진입하며 빠른 안구 운동(Rapid Eye Movement)이 일어난다.

뇌파는 거의 깨어 있는 상태로 기억 강화, 감정 조절, 창의성이 증가한다.

특히, 렘수면은 정서적인 회복의 시간이다. 꿈을 통해 감정과 기억을 분리하고, 고통스러운 경험을 치유하며, 학습과 사고의 연결을 강화한다.

질 좋은 수면을 위한 실천 전략

- 아침 햇빛 20분은 멜라토닌 분비를 촉진한다.
- 카페인은 오후 2시 이후 피하고, 낮잠은 20분 이내, 오후 3시 이전이 좋다.
- 스마트폰·TV는 자기 1시간 전에 종료하고, 간접 조명으로 어둡고 조용하게 유지한다.
- 따뜻한 샤워나 족욕이 좋고, 스트레칭과 복식호흡으로 심신을 안정시킨다.
- 온도는 18~20도 정도를 유지하고, 침실은 오직 수면용으로 사용한다.
- 숙면을 방해하는 야식은 피한다.

잘 자는 사람의 비밀, 그건 '호흡'이다.

불면의 대부분은 생각이 많아서, 몸이 긴장돼서, 감정이 풀리지 않아서 생긴다.

이 모든 문제의 공통 해결책이 있다. 바로 '호흡'이다. 깊은 숨은 부교감신경을 자극하고, 심박수를 낮추고, 몸의 긴장을 풀며, 잠에 드는 회로를 연다. 좋은 호흡은 곧 수면에 진입하는 '신호'가 된다. 얕고 빠른 호흡보다는 느리고 깊은 호흡이 수면 유도하고, 복식호흡은 알파파(이완), 세타파(꿈 전 단계)를 유도하는 천연 수면제다.

숙면을 위한 5분 호흡 루틴

1단계: 자리 정리

불 끄고, 휴대폰 멀리 두기

조용한 음악 or 백색소음 준비

2단계: 4-7-8 호흡

숨을 4초 동안 들이마시고, 7초 동안 멈추고, 8초 동안 길게 내쉰다. 이 과정을 4~5회 반복하면, 몸의 긴장이 풀리고, 뇌파가 안정된다.

3단계: 복식호흡 전환

배를 부풀리며 숨 들이마시고, 길게 내쉬면서 몸 전체를 이완, 한숨처럼 푹 내쉬는 숨을 3회 실시한다.

내 몸을 쓰려면, 먼저 충전하라.

운동도 좋고, 식단도 중요하지만 회복 없는 운동, 잠 없는 근육은 아무 소용 없다. 매일 밤, 잠이라는 자연의 충전기를 켜지 않으면, 아무리 좋은 시스템도 무너질 수밖에 없다.

'몸을 쓰기만 하고 충전하지 않으면, 결국 꺼지는 날이 온다.
잠은 최고의 보약이자 가장 강력한 회복 루틴이다.'

2

꿈은 뇌가 말을 거는 방식이다
- 꿈과 감정 정리의 과학

왜 우리는 꿈을 꿀까?

누구나 한 번쯤 이런 경험이 있다. 잠에서 깼을 때, 잊었던 사람이 나왔거나, 걱정했던 일이 나타났거나, 기이하고 비현실적인 장면이 떠오른다.

"꿈은 뇌가 말을 거는 방식이다." 말로 하지 못한 감정, 처리되지 않은 기억을 뇌는 꿈으로 표현한다.

꿈은 감정 정리 도구다.

하루 동안 겪은 일들, 잊혀졌지만 무의식에 남은 감정들, 고민, 갈등, 공포, 기대 이런 복잡한 내면 정보는 렘수면 중에 꿈이라는 형태로 정리된다.

특히 렘수면의 기능은 정서 기억 처리, 부정적 감정에서 거리 두기, 감정 반응의 재해석, 학습과 문제 해결력을 향상시킨다.

　　　　　　　　　　　　　　　　건강을 위한 최고의 선택

뇌는 꿈을 통해 기억을 정리한다.

중요하지 않은 정보는 버리고, 핵심적인 경험은 강화하며, 감정과 사실을 분리한다.

위협적 기억도 덜 날카롭게 만든다. 실제로 PTSD(외상 후 스트레스 장애) 환자들은 렘수면이 부족할수록 증상이 더 악화된다. 꿈을 꾸는 것 자체가 감정 해독 과정이라는 뜻이다.

꿈과 현실 감정은 연결돼 있다.

자주 불안한 꿈을 꾸는 사람은 뇌가 처리하지 못한 감정이 남아 있는 것이다. 꿈에서 우는 자신을 본다면, 깨어 있을 때 표현하지 못한 감정일 수 있다. 반복되는 꿈은 해결되지 않은 감정과 신호다.

꿈을 기억하고 활용하는 방법

일어나자마자 메모하기 → 꿈은 깨어난 직후 가장 생생하다.

꿈에 감정을 적기 → 그 감정이 어떤 현실의 반영인지 관찰한다.

꿈을 해석하지 말고 '경청'하기 → 꿈은 '해답'보다 '질문'을 주는 언어다.

'감정이 쌓이면 꿈이 되고, 꿈을 외면하면 감정이 눌린다.

꿈은 뇌가 우리에게 보내는 가장 은밀한 편지다.'

3

수면과 운동
- 언제 자고, 언제 움직여야 할까?

수면과 운동은 상호작용 관계다.

운동을 하면 잘 잘 수 있고, 잠을 잘 자면 운동 효과가 더 커진다.

하지만 잠과 운동 시간을 잘못 잡으면 오히려 역효과다.

운동, 언제 해야 할까?

• 이상적인 시간대: 오전 ~ 늦은 오후

아침 운동: 기초 대사량을 높이고, 정신 각성에 효과적이다.

점심~오후 운동: 체온 상승과 수면 유도에 도움이 된다.

너무 늦은 밤 운동은 교감신경 활성화로 잠들기 어렵다.

• 권장

자기 최소 3시간 전에 운동을 마무리하고, 저녁 운동은 스트레칭이나 유산소 위주로 부드럽게 한다.

수면 시간은 언제가 좋을까?

밤 10시~11시 사이 잠자리에 들면, 새벽 2시~3시 사이 멜라토닌과 성장호르몬 분비가 극대화된다. 이 시간대에 깊은 수면을 확보하면, 면역력 향상, 근육 회복, 뇌 해독, 감정 정리 등으로 수면이 운동 효과를 배로 만든다.

운동은 수면을 돕고, 수면은 운동을 완성한다.
수면과 운동은 각자의 효과를 높여주는 '건강 파트너'다.
하루 루틴의 시간 배치만 잘해도 몸과 뇌는 훨씬 더 빨리 회복한다.

'잘 자야 운동이 잘 된다. 잘 움직여야 잘 잘 수 있다.'

"수면은 뇌가 스스로를 치료하는 시간이다."

— 앨런 홉슨

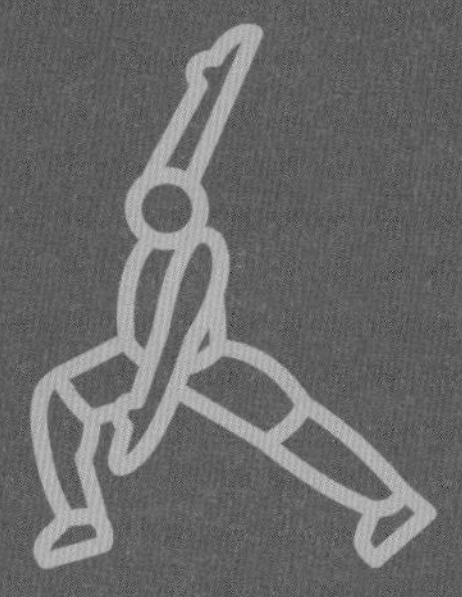

Part 5

마음먹기

"우울을 이기는 가장 강력한 약은 움직임이다."

— 켈리 맥고니걸

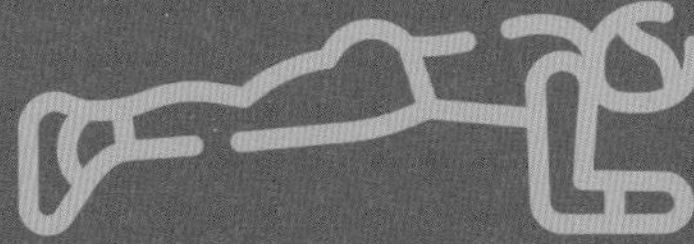

1

생각을 지배하자

책을 쓰며 생각과 마음먹기, 감정과 정서, 그리고 스트레스에 대해 깊이 고민하던 어느 날, '생각'에 대한 큰 깨달음을 얻었다. **우리가 일상에서 겪는 즐거움과 고통의 대부분은 상황 그 자체가 아니라, 그 상황을 바라보는 나의 생각에서 비롯된다.** 같은 사건을 겪어도 누군가는 웃고, 누군가는 무너진다. 그 차이는 생각이다. 어떤 상황을 마주하면 우리는 자동적으로 생각한다. 그리고 그 생각을 바탕으로 결정한다. 이 과정은 철저히 개인적이다. 누구도 대신할 수 없고, 누구도 들여다볼 수 없다. 오직 나만이 알고, 나만이 선택할 수 있다. 그 선택은 두 갈래로 나뉜다. 나를 위한 긍정적인 결정이 될 수도 있고, 나를 해치는 부정적인 결정이 될 수도 있다.

같은 현실 앞에서도, 어떤 생각을 선택하느냐에 따라 나는 나를 더 건강하게

건강을 위한 최고의 선택

만들 수도, 더 화나게 만들 수도 있다. 이 사실을 깨닫는 순간, 저자는 강한 충격에 휩싸였다. 지금까지 겪어온 수많은 사건과 감정의 파도가 결국은 내가 선택한 생각의 결과였다는 사실 때문이다. **세상이 나를 흔든 것이 아니라, 내 생각이 나를 흔들고 있었던 것이다.**

우리는 평생 동안 뇌의 능력을 20프로도 쓰지 못한다. 우리의 뇌는 상상 이상으로 위대하다. 의학적으로 불가능하다고 여겨졌던 많은 것들이 뇌의 능력으로 가능해진다. 이를 우리는 **신경가소성(Neuroplasticity)**이라 부른다. 이런 위대한 뇌는 생각을 지배할 수 있는 충분한 능력이 있다. 생각은 고정된 것이 아니라, 훈련되고, 바뀌고, 새로 만들어질 수 있다.

나는 이 세상 그 무엇과도 바꿀 수 없는 존재다. 우주 전체에서 오직 하나뿐인 존재다. 내 주변의 사람, 재물, 지위, 환경 그 모든 것보다 나는 더 소중하다. 그 모든 것들은 결국 나를 위해 존재하는 도구일 뿐이다. 그렇다면 이제 선택해야 한다. 생각에 끌려다닐 것인가, 아니면 생각을 내가 지배할 것인가.

- 내 생각을 지배하자.
- 내 감정을 선택하자.
- 내 몸과 마음을 살리는 방향으로 결정하자.

그리고 **오늘도, 건강을 위한 최고의 선택을 하자.**

마음먹기가 바꾸는 몸과 삶의 변화

마음먹기에 달렸다.

우리가 일상에서 무심코 쓰는 이 말 안에는 놀라운 진리가 담겨 있다. 건강도, 삶도, 변화도 결국은 마음먹기에 달려 있다. 저자는 오랫동안 건강의 본질에 대해 이야기해왔다. 정서, 섭식, 수면, 운동 그 어떤 것도 혼자선 완전할 수 없다. 이 모든 요소를 연결하는 출발점이 바로 '마음'이다. 즉, 어떤 선택이든, 어떤 변화든 마음먹는 순간부터 진짜가 된다.

"마음이 현실을 만든다" - 고대의 지혜, 현대의 과학

불교의 『화엄경』에는 '일체유심조(一切唯心造)'라는 말이 있다. 모든 것은 마음이 만든다는 뜻이다. 신라의 고승 원효대사 역시 이 진리를 체득한 인물이다. 그는 중국 유학 길에 해골에 담긴 물을 마시고도 시원하게 느꼈다가, 다음 날

그것이 해골물이라는 걸 알고 충격을 받는다. 그 경험을 통해 **"모든 것은 마음 먹기에 따라 달라진다."**는 깨달음을 얻는다. 그 이후, 그는 유학길을 포기하고 백성을 위한 수행에 나선다. 삶의 방향이, 단 한 번의 마음의 변화로 완전히 바뀐 것이다.

플라시보 효과 - 믿음이 만드는 치료

현대의학은 이 마음의 힘을 '플라시보 효과'로 설명한다. 효과가 없는 가짜 약을 먹고도 실제 증상이 개선되는 현상이다. 이건 결코 '착각'이 아니다. 뇌가 진짜로 통증을 줄이고, 면역계를 조절한다는 연구들이 수없이 많다. 예를 들어, 진통 효과가 없는 연고를 팔에 바르고도 통증이 사라진 사람들이 있다. 왜일까? "약을 바르면 낫는다"는 믿음 때문이다. 이 믿음은 뇌의 통증 조절 시스템을 자극하고, 실제로 진통 효과를 유도한다. 뇌 영상 장치로 확인해 보면, 통증 전달을 막는 부위들이 실제로 활성화된다. **이것이 마음의 과학이고, 신체에 영향을 주는 감정의 메커니즘**이다.

내가 믿으면, 몸이 반응한다 - 뇌와 신체의 연결

2016년, 퇴행성 무릎 관절염 환자들을 대상으로 한 연구에서는, 가짜 약을 먹었을 뿐인데도 통증이 줄어든 환자들의 뇌에서 중전두회라는 부위가 활성화된 것이 확인됐다. 실제 진통제를 먹은 환자들과는 활성화된 뇌 영역이 다르다. 마음이 만든 진짜 치료 효과, 즉 뇌가 자체적으로 약이 되어버린 것이다. 플라시보 효과는 단지 약물만의 현상이 아니다. 치료에 대한 기대, 의사에 대한 신뢰, 자기 치유에 대한 믿음 모두가 플라시보를 강화한다. 심지어 긍정적이고 따뜻한 말을 듣는 것만으로도, 뇌는 도파민과 엔도르핀을 방출한다.

마음은 당신의 가장 강력한 약이다.

물론, 플라시보 효과가 근육을 붙이거나 뼈를 잇는 마법은 아니다. 하지만 중요한 건, 마음이 통증을 줄이고, 삶을 회복시키는 실제 작용을 한다는 것이다. 2013년의 한 실험은 이런 결과도 보여준다. 같은 가짜 약을 썼지만, 이타적이고 긍정적인 사람일수록 더 큰 플라시보 효과를 경험했다. 왜일까? 이들은 다른 사람을 더 신뢰하기 때문에, 그 믿음이 뇌의 치료 회로를 더 강하게 자극하기 때문이다. 결국 '좋은 마음', '선한 태도'는 그 자체로 치유력이 있는 셈이다.

뇌는 최고의 치료사다 – 자연치유력의 중심

뇌 안에는 이미 자가치유 시스템이 내장되어 있다. 긍정적인 생각, 신뢰, 감정 조절은 이 시스템을 활성화하는 스위치다. 삶을 되돌아보자. 지나고 나면 별거 아니었던 많은 일들. 그때 조금 더 긍정적인 마음으로, 조금 더 믿는 마음으로 받아들였다면 훨씬 수월했을 것이다. 그래서 말한다. 건강의 시작도, 회복의 출발도, 삶의 변곡점도 결국 마음먹기에서 시작된다. 스스로에 대한 신뢰, 삶에 대한 신뢰, 변화에 대한 믿음을 품는 순간, 몸과 마음이 모두 반응하기 시작한다.

당신이 지금 마음먹는 순간, 삶은 바뀌기 시작한다.

마음은 현실을 바꾸는 스위치다.

플라시보 효과는 뇌가 직접 몸을 치료하는 증거다.

긍정적인 태도와 신뢰는 자연 치유력을 높인다.

   건강을 위한 최고의 선택

뇌는 최고의 치료사이며, 당신의 마음은 그 시작점이다.

'그러니, 지금 마음먹자.
위대한 나의 뇌를 믿고, 삶을 믿고, 변화와 건강을 선택하자.
몸도, 마음도, 결국 그 마음 하나에서 시작된다.'

3

스트레스, 내가 만든 감옥이자 내가 가진 열쇠다

앞선 장에서 우리는 '마음먹기'가 인생을 바꾸는 시작점이라는 것을 확인했다. 긍정적 태도와 신념은 뇌를 움직이고, 몸을 회복시킬 수 있다는 과학적 근거도 함께 살펴보았다. 하지만 삶은 그렇게 단순하지 않다. 우리는 원하든 원치 않든, 끊임없이 스트레스에 노출된 채 살아간다. '만병의 근원'이라는 말처럼, 스트레스는 모든 질병의 출발점이 된다. 그렇다면 이 무서운 스트레스는 도대체 어디에서 시작되고, 어떻게 작용하며, 우리는 그것을 어떻게 다뤄야 할까?

스트레스, 생존을 위한 반응이 병이 되는 순간

스트레스(stress)의 어원은 '팽팽하게 끌어 당기다'라는 뜻의 라틴어 stringere에서 비롯되었다. 원래는 외부 압력에 대한 반응이었고, 그 자체로는 생존에 꼭 필요한 기능이었다. 곰에게 쫓기던 원시 시대에는 심박수가 올라가고, 아드레날

린이 분비되며, 근육에 에너지가 집중되는 이러한 스트레스가 목숨을 지키는 무기였다. 하지만 오늘날, 우리는 쉴 새 없이 일에 쫓기고, 인간관계에 힘들어하고, 미래에 대한 불안 속에 살고 있다. 당장 눈앞에 보이는 위협은 없지만, 우리의 뇌와 몸은 매일매일 전투태세를 취한다. 이처럼 지속되는 스트레스는 호르몬과 면역계, 신경계, 심혈관계에 걸쳐 전신에 영향을 미친다. 심박수와 혈압은 상승하고, 장은 굳고, 근육은 경직되며, 심지어 감정 조절과 판단 능력까지 흐려진다.

스트레스는 어디에 저장되는가?

우리는 흔히 스트레스를 '마음의 문제'라고 생각한다. 하지만 사실 스트레스는 장에 저장되고, 근육에 남고, 신경계에 각인된다.

장이 굳는다.

스트레스는 위산 분비를 변화시키고 장 운동을 마비시키며, 유익균을 파괴한다. 우울한 사람의 장에는 공통적으로 프로바이오틱 균이 적은 것이 확인되었다.

근육이 긴장된다.

어깨가 올라가고, 턱을 꽉 물고, 가슴이 조여든다. 만성 긴장은 두통, 허리통증, 수면장애, 체형 왜곡까지 이어진다.

뇌가 흥분한다.

코르티솔이 지속적으로 분비되면, 감정 조절을 담당하는 전두엽의 기능이 저하되고, 기억을 저장하는 해마가 위축된다.

즉, 스트레스는 '마음에만 있는 게 아니라, 온몸에 흔적을 남기며' 병으로 발전한다.

좋은 스트레스 vs 나쁜 스트레스.

하지만 모든 스트레스가 해로운 것은 아니다.

'유스트레스(Eustress 이로운 스트레스)', 즉 건강한 긴장감은 우리 삶에 활력을 준다.
적당한 운동, 적절한 목표, 의미 있는 도전은 스트레스처럼 느껴지지만, 오히려
신경과 근육을 성장시키고 면역력을 높인다. 그러나 지나친 기대, 과도한 업무,
통제할 수 없는 상황은 유스트레스를 디스트레스(Distress, 해로운 스트레스)로 전환시
킨다. 문제는 '얼마나 스트레스를 받는가'가 아니라 '그 스트레스를 어떻게 인식
하고 반응하는가'에 있다.

스트레스를 줄이는 대신, 흘려보내라.

스트레스를 완전히 없앨 수는 없다. 우리가 할 수 있는 건 그 흐름을 바꾸는
것, 즉 쌓이게 하지 않고 흘려보내는 것이다.

이를 위해 우리는 세 가지 기본 루틴을 갖추어야 한다.

호흡 - 복식 호흡은 자율신경계의 균형을 잡고, 과도한 교감신경 흥분을 완화
한다.

움직임 - 가벼운 걷기, 스트레칭, 유산소 운동은 코르티솔 수치를 낮추고, 세
로토닌과 도파민 분비를 촉진한다.

표현 - 감정을 숨기지 않고 표현하는 것, 글로 쓰거나 이야기하는 것만으로도
해소 효과가 크다.

스트레스를 이기는 사람의 조건

연구에 따르면, 스트레스를 덜 받는 사람들은 의심보다는 신뢰를, 분노보다

     건강을 위한 최고의 선택

는 공감을, 걱정보다는 행동을 택한다. 이는 단순한 성격이 아니라, 스트레스에 대한 반응 방식의 훈련이다. 특히, 스트레스를 효과적으로 다루는 사람들은 다음과 같은 공통점을 갖는다.

1. 자신에 대한 신뢰가 있다.
2. 일상의 루틴을 지키며 운동과 휴식을 병행한다.
3. 감정을 표현하며 억누르지 않는다.
4. 외부 통제보다 내면의 선택권을 중시한다.

마음이 만든 감옥, 마음이 가진 열쇠

우리는 종종 스트레스를 '피해야 할 적'처럼 느낀다. 하지만 스트레스는 우리가 어떻게 반응하느냐에 따라 성장의 재료가 될 수 있다.

내가 통제할 수 없는 것에 끌려가지 않고, '지금 내가 할 수 있는 최선'을 선택하는 것. 그것이 바로 스트레스의 해독제다.

**'스트레스는 감옥이 될 수도 있고, 열쇠가 될 수도 있다.
그 차이는 마음먹기에 달려 있다.'**

> **"스트레스는 사건이 아니라, 그것을 해석하는 방식이다."**
>
> — 한스 셀리에

4

움직임이 신경계를 치유한다
- 회복을 부르는 뇌와 몸의 연결 훈련

스트레스를 받으면 왜 몸이 먼저 반응할까? 우리가 흔히 스트레스를 '마음의 문제'로 생각하지만, 실제로는 '신경계의 문제'다. 뇌가 위험을 감지하면, 먼저 교감신경을 활성화시켜 몸을 준비시킨다. 심장은 빨라지고, 근육은 긴장하며, 호흡은 얕아진다. 이 반응은 우리가 생각하기 전에 이미 시작된다. 문제는 많은 사람이 스트레스를 받을수록 더 가만히 있으려 한다는 점이다. **움직이지 않으면**, 이 긴장은 해소되지 않고 몸에 고스란히 남는다. **몸은 점점 더 경직되고, 피로는 쌓이고, 결국 에너지는 바닥난다.** 그래서 우리는 신경계에 이렇게 말해줘야 한다. "이제 괜찮아. 위험은 지나갔어. 몸을 풀어도 돼." 그 방법이 바로 '움직임'이다.

건강을 위한 최고의 선택

회복을 위한 3가지 핵심 전략

1. 작고 부드러운 움직임 – 긴장을 흘려보내는 리듬

몸을 갑자기 세게 움직일 필요는 없다. 중요한 건 리듬감이다.

- 목과 어깨를 천천히 돌리기

- 손목을 가볍게 털기

- 무릎을 굽혔다 펴며 흔들기

- 깊게 하품하듯 기지개 켜기

이처럼 작은 움직임은 근육의 긴장을 풀고, 신경계에 "안정되었다"는 신호를 보낸다. 단 2~3분만 해도 몸이 편안해진다.

※ 포인트 – 억지로 움직이지 말고, 음악에 맞춰 흔들 듯이 자연스럽게.

2. 호흡은 가장 빠른 회복 도구

심장이 뛰고, 머리가 복잡할 땐 생각보다 호흡을 다스리는 것이 먼저다.

- 4-6 호흡법 - 4초간 들이마시고, 6초간 천천히 내쉰다.

- 복식호흡 – 가슴이 아닌 배가 오르내리도록 호흡한다.

- 콧바람 명상 – 들숨과 날숨에 집중하며 잡념을 흘려보낸다.

숨을 잘 쉬면, 뇌는 실제로 상황이 나아졌다고 믿는다.

※ 아침에 눈 뜨기 전, 잠들기 전 2분간 해보자. 스트레스 회복 루틴의 핵심이다.

3. 감각 회복 훈련 – 내 몸과 다시 연결되기

스트레스를 받을수록 우리는 몸에서 멀어진다. 몸의 감각을 잊고, 머리 속 생각만 커진다. 이럴 때는 감각을 다시 켜는 일이 필요하다.

- 바디스캔 명상 – 발끝부터 머리까지 천천히 스캔하며 느낌을 관찰한다.

- 촉각 자극 – 따뜻한 물수건, 손 마찰, 마사지볼 등으로 피부를 자극한다.

- 자연 소리 듣기 – 파도, 바람, 빗소리는 뇌파를 안정시킨다.

※ 실천법 – 하루 중 단 5분, '지금 여기'의 감각에 집중하는 시간을 가져보자.

일상에서 회복력을 높이는 루틴 5가지

- 아침 햇빛 받기 – 세로토닌 분비로 몸의 리듬을 회복한다.

- 매일 걷기 – 뇌파를 안정화 시키고, 심박수를 안정화한다.

- 진심으로 웃기 – 엔돌핀과 도파민 분비를 촉진한다.

- 취침 전 전자기기 멀리하기 – 수면의 질 향상에 좋다.

- 매일 한 번, 지금 이 순간 돌아보기 – 자기 연결감을 회복시킨다.

- 마무리 메시지 – 몸이 편해야 마음도 따라온다.

스트레스를 참는 건 강한 게 아니다. 스트레스를 흘려보내는 게 진짜 강함이다.
움직이고, 숨 쉬고, 감각을 깨우자. 그것만으로도 우리는 다시 회복할 수 있다.

그리고 꼭 기억하자.
'회복은 내가 나에게 주는 가장 따뜻한 배려다.'
내일의 나를 위해, 오늘 5분이라도 회복 루틴을 선물하자.
몸이 반응하고, 마음이 따라 올 것이다.

 건강을 위한 최고의 선택

5

HIIT로 스트레스를 한 방에 날리자

고강도 인터벌 트레이닝(HIIT; High Intensity Interval Training)은 짧고 강한 움직임으로 스트레스를 날릴 수 있는 가장 강력한 방법 중 하나다. 짧은 시간 안에 심박수를 올리고 땀을 흘리며, 마음의 걱정을 몸 밖으로 밀어낸다. HIIT는 고강도 운동과 저강도 회복 운동을 번갈아 반복하는 형태로 구성된다. 예컨대 30초간 스쿼트 점프, 이어서 30초간 걷기처럼 강약을 조절하는 것이다. 이 방식은 운동 후 뇌에서 도파민, 세로토닌, 엔도르핀이 풍부하게 분비되도록 돕는다. 이 호르몬들은 스트레스를 낮추고 기분을 고양시키며, 자기 통제력을 키운다.

HIIT의 정신적 효과

스트레스 호르몬 코르티솔 감소, 기분을 좋게 하는 엔도르핀 분비 증가와 자기 효능감 향상을 통해 자기관리력 상승에 효과적이다.

특히, 연구에 따르면 HIIT는 고립감과 불안감을 줄이고 대인관계를 촉진하는 데도 효과적이다.

추천 루틴 - 누구나 할 수 있는 30분 HIIT

1. 워밍업 (5분) - 빠르게 걷기 또는 가볍게 제자리 조깅.

2. 본운동 (20분) - 스쿼트 점프, 버피 테스트, 마운틴 클라이머를 각 30초 운동과 30초 휴식으로 3~4세트 반복한다.

3. 쿨다운 (5분) - 전신 스트레칭 + 깊은 호흡.

이 루틴은 신체와 마음을 동시에 훈련하며, 스트레스 해소와 체력 향상 두 마리 토끼를 잡을 수 있다. 호주 퀸즐랜드 대학 연구에 따르면, 65~85세 대상 6개월 HIIT 프로그램 후 기억력 향상이 확인되었고, 효과는 5년간 지속되었다.

땀이 답이다.

가장 빠르고 강력한 회복 도구는 내 안의 움직임이다.

걱정이 많을수록 더 움직이고, 머리가 복잡할수록 더 숨 쉬고, 마음이 무거울수록 더 땀 흘려야 한다.

'움직임은 곧 해방이다. 그리고 그 해방은 회복으로 이어진다.

오늘의 스트레스, 오늘 흘린 땀으로 씻어내자!'

마인드풀 요가
- 스트레스를 잠재우는 부드러운 움직임

최근 주목받고 있는 또 다른 스트레스 해소 운동은 바로 마인드풀 요가다. 이는 전통적인 요가에 **마음챙김**(mindfulness)을 접목한 형태로, 몸의 유연성과 정신의 안정감을 동시에 기른다. 마인드풀 요가는 단순히 몸을 움직이는 것에 그치지 않고, 현재 순간에 깊이 집중하며 자신의 신체 감각, 호흡, 감정 상태를 관찰하는 명상적 훈련이다. 이를 통해 자기 인식을 높이고, 스트레스 반응을 조절하는 능력을 향상시킨다.

마인드풀 요가의 장점

1. 코르티솔 수치를 줄여 스트레스 완화에 좋다.

2. 심박수와 혈압 안정화를 통해 자율신경계 균형 회복을 촉진한다.

3. 감정 조절 능력 향상으로 대인관계를 개선한다.

4. 근육 이완, 집중력 증진, 마음의 평화를 회복한다.

마인드풀 요가 30분 실천법

1. 준비 명상 (5분)

가부좌로 앉아 눈을 감고 깊은 호흡에 집중한다. 현재의 감정과 신체 감각을 관찰한다.

2. 워밍업 스트레칭 (5분)

목 돌리기, 어깨 풀기, 기지개 켜기 등 천천히 부드럽게 진행한다.

3. 본 운동 (15분)

- 고양이-소 자세 – 등과 척추를 움직이며 호흡과 연결한다.
- 전사 2 자세 – 하체 근력 강화와 집중력 향상시킨다.
- 다운독 자세 – 전신 스트레칭과 안정감을 유도한다.
- 아기 자세 – 깊은 이완과 정서 안정에 좋다.

4. 마무리 명상 (5분)

누운 자세에서 다리 올리기 또는 가부좌로 조용히 앉아 깊은 호흡과 감각을 관찰한다.

연구에 따르면, 12주간의 마인드풀 요가 수련은 스트레스, 우울, 불안 지표를 유의하게 감소시킨다.

땀과 숨, 그리고 고요함이 답이다.

우리는 회복을 외부에서 찾으려 하지만, 진정한 회복은 내 안에서 시작된다.

강하게 움직일 때는 땀을 흘리고, 조용히 숨 쉴 때는 마음을 다잡고, 부드럽게 움직일 때는 나를 치유한다.

지금 이 순간, 몸을 느끼는 것만으로도 우리는 이미 회복 중이다.

하루에 단 30분, 내 몸과 마음을 위한 시간을 주자. 그것이 나를 다시 살아 숨

쉬게 한다.

호흡 혁명
- 건강과 행복을 위한 숨쉬기 비법

우리는 호흡을 통해 산소를 흡입하고 이산화탄소를 배출하며 살아간다. 숨을 쉬지 않으면 단 몇 분도 생존할 수 없다. 이처럼 절대적으로 중요한 생명 활동임에도, 대부분에 사람은 호흡의 가치를 인식하지 못한 채 살아간다. 이는 호흡이 '의식하지 않아도' 계속되기 때문이다. 하지만 호흡은 단순한 생존 기능을 넘어, 신체와 정신의 건강을 좌우하는 핵심 요소다. 올바른 호흡을 실천하면 웰빙을 증진하고, 스트레스를 효과적으로 관리할 수 있다. 깊고 규칙적인 호흡은 세포의 에너지 대사를 도우며, 자율신경계의 균형, 즉 교감신경과 부교감신경의 리듬을 조절하는 데 핵심적인 역할을 한다. 이 과정은 심리적 안정, 집중력 향상, 인지 기능 개선, 수면 질 향상까지 폭넓은 건강 혜택으로 이어진다.

명상의 대가, 틱낫한 스님의 호흡에 대한 통찰

세계적인 명상가 틱낫한(Thich Nhat Hanh)은 《삶의 지혜》에서 다음과 같이 말했다.

"마음을 다해 호흡합니다. 들이쉬는 숨과 내쉬는 숨을 그냥 즐기면 됩니다. 마음과 몸이 하나가 되게 하고 살아 있음을 느껴보세요. 살아 있다는 것이 이 세상에서 가장 큰 기적입니다."

그는 호흡을 통해 몸과 마음의 화해를 이야기한다. 이 순간에 집중하는 행위, 곧 '마음 다한 호흡'은 삶에 깃든 기적을 느끼게 하는 첫걸음이다.

얕은 숨과 깊은 숨의 차이 - 왜 깊게 숨 쉬어야 할까?

사람은 불안하거나 긴장할 때 자연스럽게 호흡이 얕아지고 빨라진다. 이는 교감신경이 항진되었기 때문인데, 이럴 때 의식적으로 심호흡을 하면 부교감신경이 활성화되어 긴장을 풀고 심리적 안정을 회복할 수 있다. 깊은 호흡은 폐 건강에도 매우 중요하다. 폐는 약 3억~5억 개의 허파꽈리로 구성되어 있으며, 운동이나 심호흡을 통해 깊숙이 사용하지 않으면 변방의 허파꽈리는 퇴화한다. 특히 운동 부족 상태에서 약간의 활동에도 숨이 차는 이유는 이와 관련 있다. 이때 가장 효과적인 방법이 '복식호흡'이다. **복식호흡은 폐의 하부와 가장자리까지 산소를 도달하게 하여 허파꽈리의 기능을 살리고, 폐의 용적을 확장시키는 데 효과적**이다. 깊고 느린 숨을 통해 막혀 있던 허파꽈리까지 활성화되면, 호흡의 깊이가 달라지고 이는 곧 전신 건강의 변화로 이어진다.

대표적인 호흡법

1. 복식호흡(Diaphragmatic Breathing)

자세 – 허리를 곧게 펴고 어깨의 긴장을 푼 뒤 편안한 자세를 취한다.

방법

- 한 손은 배에, 다른 손은 가슴 위에 둔다.
- 코로 4초간 천천히 숨을 들이마신다(배가 올라옴).
- 2초간 숨을 멈춘다.
- 입으로 6초간 천천히 내쉬며 배가 가라앉는 것을 느낀다.
- 이 과정을 10회씩 아침, 저녁으로 2세트 진행한다.

효과 – 심리적 안정, 스트레스 해소, 폐 기능 향상, 깊은 휴식을 유도한다.

2. 4-7-8 호흡법

방법

- 코로 4초간 숨을 들이마신다.
- 7초간 숨을 멈춘다.
- 입으로 8초간 숨을 내쉰다.
- 5회 반복한다.

효과 – 불안 감소, 자율신경 안정, 수면 질을 향상한다.

건강을 위한 최고의 선택

3. 교차 콧구멍 호흡(Alternate Nostril Breathing)

방법

- 오른쪽 콧구멍을 엄지로 막고 왼쪽으로 숨을 들이마신다.
- 숨을 잠시 멈추고, 오른쪽 콧구멍으로 숨을 내쉰다.
- 다시 오른쪽으로 들이마시고, 왼쪽으로 내쉰다.
- 10회 반복한다.

효과 – 뇌 좌우 균형, 집중력 향상, 감정 안정, 정신적 명료성을 증진한다.

4. 진행성 이완 호흡(Progressive Relaxation Breathing)

방법

- 편안하게 누워 신체 부위별로 긴장을 인식한다.
- 해당 부위에 집중하며 5초간 숨을 들이마시고, 7초간 내쉬며 힘을 푼다.
- 머리부터 발끝까지 전신에 적용한다.

효과 – 근육 이완, 긴장 완화, 전신 이완 반응을 유도한다.

코로 숨을 쉬어야 하는 이유

- 코는 '공기 정화·가습·가온 시스템'으로 공기를 37도에 가깝게 데우고, 습도를 올리고, 먼지·세균·바이러스를 걸러낸다.
- 코 호흡은 천천히 깊은 호흡을 유도해 폐포에서 산소 교환율을 높인다. 반대로 입 호흡은 과호흡·얕은 호흡을 만들어 산소 이용률이 떨어진다.
- 코에서만 생성되는 NO(질산화물:Nitric Oxide)는 혈관을 확장해 산소 공급을 증가시키고 항균 작용을 한다.

- 입이 열리면 턱이 뒤로 밀리고, 기도가 좁아지고, 목이 앞으로 빠지는 거북목 패턴이 생긴다. 코 호흡은 자연스럽게 기도를 열고, 목-턱-척추 정렬을 유지한다.
- 코 호흡은 코골이·수면무호흡 위험을 줄여 수면의 질을 개선한다.
- 코 점막은 외부 병원체의 첫 방어선으로 입으로 숨 쉬면 방어 없이 곧바로 목·폐로 유입되어 감염 위험이 증가한다.
- 코 호흡은 공기를 정화·조절하고 산소 공급을 극대화하며, 턱, 목, 자세와 수면, 면역까지 지켜주는 '생리학적으로 설계된 호흡 시스템'이다.

호흡을 사랑하자.

우리는 날마다 수만 번의 호흡을 하며 살아간다. 그 중 단 몇 번이라도 '의식적으로' 깊은 숨을 쉰다면, 삶의 질은 완전히 달라질 수 있다. 틱낫한 스님이 말했듯, "살아 있다는 것 그 자체가 기적"이다. 그리고 그 기적은 바로 이 순간 한 번의 호흡에서 시작된다.

'건강을 위해, 마음의 평화를 위해, 우리 모두 호흡을 사랑하자.
호흡은 곧 삶이다.'

> "호흡은 우리가 의식적으로 조절할 수 있는 유일한 자율신경이다."
> — 스티븐 포지스

Part 6

유산소 운동 가이드

"걷기는 인간을 인간답게 만든 움직임이다."

— 쇠렌 키르케고르

1

걷기가 만병통치약은 아니다
- 진짜 건강을 위한 걷기의 올바른 이해

우리는 매일 걷는다. 걷는다는 것은 단순한 이동수단이면서 일상 속에서 가장 쉽게 실천할 수 있는 유산소 운동이다. 무리하지 않고 지속할 수 있는 걷기는 혈액순환을 촉진하고, 신진대사를 활성화하며, 콜레스테롤과 혈당 조절, 체중 감량에도 효과적이다. 고혈압, 당뇨, 비만 등 만성질환 예방에도 긍정적인 영향을 미친다. 또한, **햇빛과 함께 걷기는 '행복 호르몬이라 불리는 세로토닌'의 분비를 촉진하고, 스트레스 해소에 기여하는 엔돌핀도 함께 활성화시킨다.** 이는 정서적 안정과 우울감 해소, 집중력 향상, 기억력 증진, 심지어 치매 예방에도 도움을 준다. 그래서 걷기를 '가장 훌륭한 운동'이라 부르는 이들이 많다. 고대 중국에는 "와사보생(臥死步生)"이라는 말이 있었다. "누우면 죽고, 걸으면 산다"는 뜻이다.

그러나 걷기는 과연 만병통치약일까?

걷기에도 조건이 있다. 걷기는 누구나 할 수 있는 운동이지만, 모두에게 항상 이상적인 운동은 아니다. 걷기는 '좋은 움직임'이 전제되어야 효과가 있고, 잘못된 자세나 신체 조건에서는 오히려 해가 될 수 있다.

특히 다음과 같은 오해는 주의가 필요하다.

"하루 만 보는 꼭 걸어야 한다."

→ 체력과 관절 상태에 따라 적절한 걸음 수와 시간이 다르다.

"무조건 오래 걸으면 건강에 좋다."

→ 나이, 관절 상태, 근력 수준을 고려하지 않은 장시간 걷기는 오히려 관절을 손상시킬 수 있다.

"걷기는 모든 병을 고친다."

→ 걷기만으로 모든 근골격계 문제나 만성질환이 해결되지는 않는다. 실제로 질환이 있거나, 몸의 정렬이 틀어진 상태에서 걷기 운동을 지속할 경우 관절에 무리를 줄 수 있다. 퇴행성 디스크, 척추관협착증, 하지 관절 질환 등을 앓고 있는 사람의 경우 특히 주의가 필요하다.

"허리가 아픈데 병원에서는 걷기를 권하던데요?"

센터를 방문하는 회원들 중 상당수가 허리 통증을 호소한다. 특히 퇴행성 디스크 질환, 척추관협착증 환자들은 종종 병원에서 "걷기가 좋다"는 권유를 받고 무리하게 걷기를 시작했다가 통증이 악화되었다고 이야기한다. 이들의 대부분은 만성 근골격계 질환으로 인한 비대칭적인 신체 정렬, 가동성 저하, 근 약화가 진행되어 있다. 이런 상태에서 장시간 걷기는 오히려 손상을 증가시키는 것이다.

특히 코어 주위와 하지의 가동성 저하, 근력 부족은 보행에 결정적인 영향을 미친다.

걷기 효과를 얻기 위한 필수 조건

걷기는 전신의 움직임이다. 단지 다리만 움직이는 것이 아니라, 팔과 다리의 협응, 골반과 척추의 정렬, 코어 근육의 지지가 모두 조화를 이루어야 한다. 특히 다음과 같은 요소가 준비되어야 걷기 운동의 효과를 온전히 누릴 수 있다.

정렬 - 머리 - 어깨 - 골반 - 무릎 - 발목의 중력선상 정렬을 바르게 한다.

가동성 - 고관절, 흉추, 발목 등 주요 관절의 충분한 가동성을 유지한다.

근력 - 둔부, 코어, 하지 근육을 유지한다.

자세 - 발뒤꿈치 → 발바닥 → 발가락 순으로 이어지는 바른 보행 패턴을 지킨다.

이러한 준비가 안 된 상태에서 걷기를 하면, 소중한 시간과 에너지를 들여 운동하고도 건강을 잃을 수 있다.

걷기는 '준비된 사람에게 좋은 운동'이다.

걷기는 좋은 운동이다. 하지만 모든 사람에게 항상 좋은 운동은 아니다. 걷기를 통해 건강을 얻고 싶다면 먼저 잘 걷는 몸을 만들어야 한다. 바른 정렬, 탄탄한 코어, 유연한 관절이 갖춰져야 진정한 효과를 볼 수 있다.

준비된 몸으로 걷기를 시작하자.

걷기가 만병통치약은 아니지만, 제대로 하면 '좋은 약'이 될 수 있다.

　　　　　　　　　　　　　　　　건강을 위한 최고의 선택

2

이상적인 걷기 운동 방법
- 매일 하는 걷기, 제대로 해야 내 몸이 지켜진다

가장 좋은 운동은 가장 자주, 꾸준히 실천할 수 있는 운동이다. 그런 의미에서 '걷기'는 최고의 일상 운동이다. 그러나 제대로 걷지 않으면, 오히려 관절에 부담을 주고 몸을 망칠 수도 있다. 걷기 운동의 효과를 높이기 위해선, 먼저 걷기를 잘할 수 있는 몸의 준비가 필요하다.

잘못된 걷기의 현실

도심의 천변이나 헬스장에서 걷는 모습을 보면 안타까운 경우가 많다. 고개를 숙이고 스마트폰을 보며 걷는 사람, 절뚝거리며 걷는 사람, 자세가 틀어진 채 팔을 비대칭으로 흔드는 사람들. 그들은 모르고 있다. 지금 자신이 땀 흘리며 열심히 걷고 있지만, 그 잘못된 걷기가 자신의 몸을 서서히 망치고 있다는 사실을.

우리 몸은 중력에 대항하여 앞뒤좌우의 균형이 잘 맞을 때, 관절에 가해지는 부담이 가장 적다. 그러나 대부분은 생활 습관, 잘못된 자세, 유전적 요인 등으로 불균형적인 체형을 가지고 있다. 이로 인해 골격이 비틀리고, 근육, 인대, 관절, 연골이 손상을 입는다. 노화로 인해 관절이 퇴행되면 더욱 문제다. 관절 사이의 연골이나 디스크는 뼈와 뼈 사이에서 충격을 흡수해주는 완충 장치다. 체중에 의한 압박으로 이 구조가 손상되면, 걷기 운동이 오히려 고통의 원인이 될 수 있다. **걷기 전에 관절에 무리를 주지 않는 바른 자세와 관절을 보호해 주는 코어 근육, 속 근육 강화는 필수적이다.**

바르게 걷기 위한 방법

헬스장에서의 근력 운동이 겉 근육(대근육)을 키우는 데 집중하는 반면, 걷기에서 중요한 것은 자세를 지지하고 몸의 정렬을 유지하는 코어 근육과 속 근육이다. 이 근육들은 골격의 비틀림을 조절하고, 관절에 가해지는 하중을 줄여주는 역할을 한다.

부위별 이상적인 걷기 자세

앞에서 언급한 코어 세팅 자세인 '치가턱 자세'가 걷기의 가장 기본이다.

1. 머리와 시선

턱을 살짝 당겨 얼굴이 정면을 향하도록 하고, 머리는 정수리 방향으로 위로 곧게 세운다. 시선은 약 10~15m 전방을 바라본다. 스마트폰을 보거나 고개를 숙이면 자세가 무너지고, 균형이 깨진다.

2. 어깨와 팔

어깨는 긴장을 풀고 양옆 아래로 부드럽게 내린다. 가슴은 살짝 펴는 느낌, 팔은 자연스럽게 몸 옆에서 앞뒤로 흔들고, 팔꿈치는 약간 구부린 상태를 유지한다.

3. 등과 허리

코어를 중심으로 척추의 중립 정렬을 유지한다. 허리를 과도하게 꺾거나, 등이 과하게 굽지 않도록 주의한다. 몸의 중심이 골반 위에 안정되게 놓이도록 한다.

4. 골반과 다리

골반이 좌우로 흔들리지 않도록 하고, 무릎은 자연스럽게 굽혔다 펴며 리듬을 유지한다.

5. 보행

뒤꿈치 → 발바닥 → 발가락 순서로 디딘 후, 발가락으로 지면을 밀어 앞으로 나아간다.

나에게 맞는 걷기 강도와 시간.

걷기는 단순해 보이지만, 강도 조절이 중요하다. 무리하게 시작하면 오히려 부상 위험이 커지고, 반대로 너무 약하면 운동 효과를 얻기 어렵다. 자신의 체력 수준에 따라 다음과 같이 조절하자.

수준	속도(시속)	시간	거리(km)
초급자	5km/h 정도	40분 이내	4km 이내

| 중급자 | 7km/h 정도 | 50분 이내 | 7km 정도 |
| 고급자 | 8km/h 이상 | 1시간 이내 | 10km 정도 |

주의사항

통증이 있거나 피로감이 심하면 즉시 강도를 낮추거나 중단한다.

정기적으로 자세와 보행 패턴을 점검한다.

가능하다면 운동 전문가의 평가를 받고 조언을 받는다.

걷기, 하루의 기본이자 건강의 시작

걷기는 누구나 할 수 있지만, 아무나 잘할 수 있는 운동은 아니다. 올바른 코어 세팅 자세, 균형 잡힌 몸, 적절한 강도 설정이라는 기본기를 갖춰야, 비로소 걷기가 내 몸을 지키는 진짜 운동이 된다.

'오늘도 걸어야 한다면, 바르게 걷자.

건강한 걸음은, 건강한 삶의 첫걸음이다.'

3

걷기를 위한 몸 만들기
- 좋은 걸음은 준비된 몸에서 시작된다

걷기는 전신의 협응이다. 걷기 하나에 척추, 골반, 고관절, 무릎, 발목, 발바닥, 그리고 그를 지지하는 모든 근육이 함께 작동한다. 아무리 바른 자세를 알고 있어도, 실제로 그 자세를 유지할 수 있는 기능과 체력이 없다면 이상적인 걷기는 불가능하다.

따라서 '잘 걷기 위한 준비'는 단순히 자세를 교정하는 데서 그치지 않는다. 걷기를 가능하게 하는 몸을 만들고 유지하는 일이 선행되어야 한다. 여기서는 걷기를 위한 신체 준비 운동과 보강 운동을 소개한다.

1. 걷기 전 워밍업

걷기 전에는 간단한 워밍업으로 관절과 근육을 깨워야 한다. 특히 관절 가동 범위(ROM)를 확보해주면 보행 시 충격을 줄이고 부상의 위험을 줄일 수 있다.

걷기 전 준비 운동 루틴 (총 5~7분)

- 발목 가동 운동 – 좌우 교대로 왕복 5회 실시한다.
- 무릎 돌리기 – 시계, 반시계 방향으로 5회씩 실시한다.
- 고관절 수평 회전 운동 – 한 다리씩 크게 원을 그리며 10회 실시한다.
- 허리 돌리기 운동 – 각 10회 실시한다.
- 팔 돌리기 – 10회 실시한다.
- 옆으로 걷기 – 왕복 20스텝 실시한다.

이러한 준비 동작은 보행에 필요한 관절의 움직임과 근육의 활성을 유도하여 실제 걷기에서 에너지 소모를 효율화하고, 손상 예방에 도움이 된다.

2. 걷기를 위한 핵심 근육 단련

다음은 걷기 능력에 직접적인 영향을 미치는 핵심 근육들을 보강하는 운동이다.

주요 걷기 보강 운동 (주 2~3회)

운동 이름	설명 및 효과
스쿼트	하지 근력 강화로 보행 안정성 향상
엉덩이 들기	둔근과 햄스트링 강화, 골반 안정성 향상
뒤꿈치 들기	종아리 근육 강화로 추진력 및 발목 안정성 확보

앞꿈치 들기	하퇴 앞쪽 근육 강화로 발목 안정성 향상
옆으로 다리 들기	중둔근 강화로 골반 중심 안정, 보행의 좌우 흔들림 방지
플랭크	복부 근력 강화 및 중심부 안정성 증진
걷기 런지	고관절 및 무릎 주변 근육 강화로 보행 시 지지력 향상

이런 기초 근력과 안정성 운동은 걷기 자세를 유지하는 데 결정적인 역할을 한다. 특히 중둔근과 소둔근이 약한 경우, 걷는 동안 좌우 안정성이 떨어져 골반이 흔들리고 보행 패턴이 망가지므로 반드시 보강이 필요하다.

3. 보행 능력 향상을 위한 훈련법

걷기를 단순한 운동이 아닌 전신 움직임의 조화로운 흐름으로 이해하고 접근하는 훈련법이 필요하다.

기능적 보행 훈련

- 보행 리듬 훈련 - 일정한 박자에 맞춰 걷기, 메트로놈 활용한다.
- 팔, 다리 협응 훈련 - 손에 작은 아령을 들고 양팔 흔들기.
- 민첩성 향상 워킹 드릴 - 빠르게 발을 교차하거나 리듬 있게 한 발 들고 걷기.
- 계단 오르기 훈련 - 고관절, 둔근의 지지력을 높이고 근력과 유산소 능력 향상에 좋다.
- 비탈길 걷기 훈련 - 다양한 지면 적응력 강화, 무릎 안정성 향상에 좋다.
- 인터벌 걷기 - 빠르게 걷기와 천천히 걷기를 반복한다.

4. 걷기의 회복을 위한 마무리 루틴

운동 후 회복은 걷기만큼 중요하다. 걷기 후 마무리 운동은 근육 피로 해소와 유연성 회복을 돕는다.

걷기 후 스트레칭 루틴

종아리 스트레칭, 햄스트링/대퇴사두근 스트레칭, 장요근 스트레칭, 척추 측굴/회전 스트레칭, 목과 어깨 스트레칭 등에 회복 루틴은 걷기 후 몸을 정리하고, 다음날에도 무리 없이 다시 걸을 수 있도록 돕는다.

걷기를 통해 건강을 얻고 싶다면,

그 전에 걷기를 잘할 수 있는 몸을 먼저 만들어야 한다.

이것이야말로 진정한 걷기 혁명이며, 삶의 활력으로 이어지는 첫 걸음이다.

몸과 마음을 깨우는 최고의 운동, 달리기
- 당신을 변화시키는 가장 단순하고 강력한 움직임

인간은 움직이는 존재다. 걷기에서 시작해 달리기를 배우고, 그 움직임을 통해 삶의 리듬과 활력을 얻어 왔다. 그러나 현대인은 점점 움직이지 않는다. 하루 대부분을 앉아서 보내고, 체력은 떨어지고, 정신은 지쳐간다. 이를 회복할 효과적이고 간단한 방법이 있다. 바로 달리기다. 달리기는 단순한 유산소 운동이 아니다. 몸과 마음, 인지와 감정, 체력과 정신력까지 단련시킬 수 있는 전신의 예술이다. 규칙적인 달리기는 심폐 건강, 근육 강화, 체중 관리뿐 아니라 스트레스 해소, 정신 안정, 우울감 완화에 이르기까지 삶의 질 전반을 개선시킨다.

달리기의 과학적 효과

1. 체지방 감량과 체중 관리

달리기는 칼로리 소모량이 많아 체중 감량에 효과적인 운동 중 하나다. 특히, 고강도로 달릴 경우, 운동이 끝난 뒤에도 신진대사가 활발히 유지된다. 이는 '애프터 번(After Burn)' 효과라고 불리며, 휴식 중에도 지방을 태우게 한다. 30분간의 달리기는 약 300~400칼로리를 소모하며, 이는 같은 시간 동안 걷는 것보다 약 1.5배 더 높은 에너지 소모량이다. 달리기는 체지방을 직접적으로 줄이는 데 탁월한 운동이다.

2. 심폐 기능 강화

지속적인 달리기는 심장의 수축력과 폐의 산소 교환 능력을 향상시킨다. 심박수가 일정 수준 이상 유지되며 혈액순환이 활발해지고, 이는 심혈관 질환 예방에 큰 도움이 된다. 연구에 따르면 규칙적으로 달리는 사람은 심장병, 고혈압, 당뇨 위험이 낮다.

3. 하체 근육과 전신 강화

달리기는 하체 근육을 효과적으로 단련한다. 대퇴사두근, 햄스트링, 종아리 근육이 주로 발달하며, 골반 근육까지 강화된다. 이는 신체의 균형 발달에 효과적이고, 노년기에도 활동성을 유지하는 데 핵심적인 역할을 한다. 정기적인 달리기는 전신 기능을 강화시키며, 체력과 지구력을 높이는 데 기여한다.

4. 골밀도 향상

달리기는 체중 부하 운동으로, 뼈에 적절한 자극을 줘 골밀도를 높이고 골다
공증 예방에 효과적이다. 달리는 적절한 충격은 뼈를 튼튼하게 만들고, 특히 노
년기 낙상 예방과 회복력 향상에 기여한다.

5. 정신 건강 개선

달리기는 몸뿐 아니라 마음도 단련한다. 뇌로 가는 혈류량이 증가하고 엔도
르핀과 세로토닌 같은 기분을 좋게 만드는 물질이 분비된다. 이는 스트레스를
해소하고 우울증을 예방하며 치료하는 데도 효과적이다. 또한, 달리기는 신경
세포의 활동을 촉진해 인지 능력을 높이고, 치매를 예방하는 데도 기여한다.

6. 효율성과 접근성

달리기는 어디서나 쉽게 시작할 수 있다. 장소와 비용의 제약이 거의 없으며,
운동화 한 켤레만 있으면 충분하다. 걷는 것보다 시간을 적게 들이고 같은 거리
에서 더 많은 칼로리를 소모할 수 있어 효율적이다.

달리기는 '성장 경험'이다.

달리기의 진짜 매력은 육체적 효과뿐 아니라, 자기 확신과 도전의 감정을 선사
한다는 데 있다. 처음에는 5분도 벅차지만, 어느새 10분, 20분, 5km, 10km를
달리고 있는 자신을 발견하게 된다. 그 과정에서 우리는 포기하고 싶은 순간을
이겨내는 힘, 호흡을 다스리는 집중력, 한 걸음 더 나아가는 용기를 배운다. 이
것은 단지 운동이 아닌, 삶의 태도를 훈련하는 일이다.

시작을 위한 한 걸음

달리기를 시작하고 싶은가? 어렵게 생각하지 마라.

아래의 방식으로 천천히, 그러나 꾸준히 접근하자.

초보자를 위한 달리기 팁

• 워밍업으로 10분 정도의 걷기 후에 가벼운 조깅으로 진행한다.

• 30초 달리기와 60초 걷기를 반복하며 점진적으로 시간을 증가한다.

• 무릎, 발목 통증이 느껴지면 즉시 속도를 줄이거나 걷기로 전환한다.

• 발에 맞는 전용 러닝화 착용은 필수다.

주간 초급 루틴 예시

요일	내용
월	10분 걷기 + 5분 달리기 x 3세트
수	10분 걷기 + 7분 달리기 x 2세트
금	10분 걷기 + 10분 달리기 x 2세트
주말	회복 중심으로 가볍게 걷기, 스트레칭

꾸준히 따라가다 보면 한 달 후, '나는 달릴 수 있는 사람'이 되어 있을 것이다.

달리기, 인생의 리듬을 되찾다.

달리기는 단순한 움직임이 아니다.

신체의 리듬, 마음의 안정, 정신의 명료함을 되찾아주는 '힐링의 시간'이다.

한 발, 한 숨, 한 땀 흘리는 사이. 당신은 더 건강하고, 더 자신감 넘치며, 더 단단한 사람이 된다.

지금, 그 한 발을 내디뎌라.

그 한 발이 삶을 바꾸는 출발선이 될 것이다.

5

건강을 위한 완벽한 달리기 전략
- 지치지 않고, 다치지 않고, 오래 달리기 위한 실전 가이드

인류는 오랜 진화의 끝에서 두 발로 걷고 달리게 되었다. 사냥을 위해, 생존을 위해, 문명을 향해 끊임없이 움직였던 인간. 그러나 현대인은 풍요로워진 문명 속에서 움직임을 잃고 있다. 점점 줄어드는 신체 활동은 건강을 위협하고 있고, 이를 회복할 수 있는 가장 원시적이면서도 강력한 해답이 바로 달리기다. 달리기는 몸과 마음을 동시에 깨운다. 땀을 흘리는 그 순간, 복잡한 생각이 정리되고 감정이 맑아지며, 새로운 하루를 긍정적으로 시작할 수 있다. 그러나 달리기는 강한 충격이 수반되는 운동이기에, 올바른 방법과 전략 없이 무작정 시작한다면 관절과 근육에 부담을 주고 부상을 유발할 수 있다. 이 장에서는 부상 없이, 지치지 않고, 오랫동안 건강하게 달리기 위한 전략을 소개한다.

1. 올바른 달리기 자세의 기본은 역시 '치가턱 자세'

모든 움직임의 시작은 중심이다. 올바른 자세 없이 시작하는 달리기는 건물의 기초 없이 벽돌을 쌓는 것과 같다.

아무리 강조해도 지나치지 않은 치가턱 자세 기본 원칙

치골을 살짝 끌어올리는 느낌으로 골반기저근을 긴장시키다. 가슴은 부드럽게 펴고, 어깨는 자연스럽게 아래로 내린다. 턱은 살짝 당겨 얼굴이 정면을 향하도록 유지하고, 마치 정수리의 머리카락이 위로 잡아당겨지는 느낌으로 자세를 바로 세워준다.

2. 이상적인 달리기 자세

시선 – 전방 10~20m 응시. 땅을 보거나 고개를 과도하게 들지 않는다.

척추 각도 – 전체적으로 똑바르되, 상체는 약간(5도 정도) 앞으로 기울인다.

고관절 움직임 – 과도한 발차기나 보폭은 부상 위험을 증가시킨다.

　※ 상체의 흔들림을 줄이기 위해 무릎을 살짝 굽히고 고관절이 외회전 되도록 한다.

3. 팔 스윙 전략

팔꿈치 각도 - 약 90도가 좋다.

스윙 방향 - 앞뒤로 자연스럽게, 좌우로 흔들리지 않도록 한다.

리듬감 부여 - 뒤로 보내는 동작에 집중하고, 좋은 리듬은 상체 추진력을 보조한다.

주의 - 어깨, 목에 긴장이 가지 않도록 릴렉스 상태를 유지한다.

　※ 웃는 얼굴로 달리면, 견갑골 주변의 긴장도 풀려 자연스럽고 부드러운 스윙이

가능하다.

4. 보폭과 보속 - 나에게 맞는 리듬 찾기

보폭 - 부상 위험이 있으니, 무리해서 넓힐 필요 없다.

보속 - 1분 동안 한쪽 발 착지 횟수로 초보자는 60~80회, 점차 늘려서 1분당 90~100회가 이상적이다.

※ **주의사항** - 위로 뛰는 동작은 에너지 낭비와 충격으로 인한 부상 위험이 있다. 고관절은 11자 유지하고, 무릎은 150~160도 굴곡 각도로 너무 높이 들지 않도록 한다.

5. 호흡과 착지

호흡은 코로 2번 들이마시고 입으로 2번 내쉬는 방식이 기본이지만, 개인의 페이스에 맞게 조절 가능하다.

착지법 종류

리어풋(뒤꿈치 착지) - 일반 러너 다수, 무릎과 고관절에 무리가 될 수 있다.

미드풋(발 중간 착지) - 충격 분산, 부상 방지에 유리하다.

포어풋(앞꿈치 착지) - 탄성 활용, 빠른 주자에게 적합하지만, 종아리와 발목에 부담이 될 수 있다.

※ **주의사항** - 착지법은 몸 상태와 주법에 따라 다르므로, 무리한 전환은 부상 위험이 있다. 통증 부위에 따라 착지 방식을 고려하되, 내 몸에 맞는 자연스러운 착지가 가장 안전하다.

6. 러닝화를 선택하는 법

발에 맞는 신발은 기록보다 먼저 몸을 지킨다.

러닝화는 발 모양이 아니라 '움직임'에 맞춰 고른다.

러닝 시 발이 지면에 닿을 때 발목이 안쪽으로 얼마나 기울어지는지에 따라
신발 선택이 달라진다.

• 중립형(Neutral) 러닝화

발의 기울어짐이 크지 않고 자연스러운 충격 흡수가 이루어지는 경우

• 안정형(Stability) 러닝화

발이 안쪽으로 과도하게 쏠리는 경우 **(과내전 러너)**

• 모션 컨트롤(Motion Control) 러닝화

발과 발목의 무너짐이 큰 경우 **(심한 과내전 러너)**

쿠션은 많을수록 좋은 게 아니다.

많은 사람들이 쿠션이 푹신할수록 무릎에 좋다고 생각한다. 하지만 지나치게
부드러운 신발은 오히려 발의 안정성을 떨어뜨릴 수 있다.

• 초보 러너, 체중 부담이 있는 경우 → 중간 이상 쿠션, 안정적인 미드솔
• 숙련 러너, 빠른 템포 러닝 → 반발력 있는 쿠션, 너무 물렁하지 않은 소재

사이즈는 '딱 맞게'가 아니라 '조금 여유 있게'

러닝 중 발은 반드시 커진다. 러닝을 하면 발에 혈류가 증가하면서 길이와 폭
이 모두 늘어난다. 발끝에 엄지손가락 한 마디 정도 여유, 발볼이 눌리지 않고

자연스럽게 퍼질 공간, 뒤꿈치는 흔들리지 않고 안정적으로 고정.

※ 주의사항 – 브랜드보다는 착용감과 발 형상에 맞는 것을 선택한다. 러닝화 착용 후에도 발, 무릎, 고관절 통증이 지속되거나, 평발이나 요족 등의 발 변형이 의심되는 경우는 전문가 상담이 필요하다.

7. 부상 없이 달리기 위한 핵심 전략

위험 요소	해결 전략
신체 불균형	신체 불균형 체크 후 교정 운동 병행
갑작스러운 자세 변화	몸에 맞는 단계적 변화와 적응 기간 필요
무리한 강도 증가	점진적 훈련 원칙 적용(10% 법칙)
부적절한 신발	발 모양과 활동 강도에 맞는 러닝화 착용

8. 철학적으로 달리기

달리기는 신이 준 최고의 선물이다. 대지를 딛고, 하늘을 바라보며, 온몸으로 에너지를 교환하는 시간이다. 착지를 통해 지면으로부터의 올라오는 반작용은 다리, 척추, 뇌를 거쳐 몸의 긴장을 깨우고, 마음의 혼란을 정화시킨다. 달릴 때, 우리는 생각을 멈추고, 감정을 놓고, 자신을 마주한다. 그것이 진정한 단련이자 치유다.

나를 위한 러닝, 나만의 리듬으로

달리기는 규칙과 기술만으로 완성되지 않는다. 나의 호흡, 나의 보폭, 나의 템포를 찾아야 한다. 다른 사람의 기록이 아닌, 어제보다 나아진 나를 위한 달리기를 즐기자.

지치지 않고, 다치지 않고, 오래오래 달리는 것.
그것이 진짜 '건강한 러너'의 길이다.
오늘도 나만의 리듬으로, 건강한 한 걸음을 시작하자.

> "달리기는 뇌를 다시 깨어나게 한다."
>
> — 존 레이티

자연과 건강을 동시에 잡는 최고의 운동, 등산

인간은 본능적으로 자연을 그리워한다. 바쁜 일상에서 벗어나 산을 오르면 우리는 자연과 하나가 되며, 동시에 건강을 되찾는다. 등산은 몸과 마음을 치유하는 시간이며, 나를 돌아보는 성찰의 시간이기도 하다. 우리나라 사람들은 등산을 가장 선호하는 여가 활동으로 꼽는다. 국토의 65%가 산지로 이루어져 있어 쉽게 산을 접할 수 있고, 아름다운 사계절 풍경 덕분에 계절마다 새로운 즐거움을 얻는다. 등산은 특별한 장비 없이도 즐길 수 있는 저비용 고효율의 운동이며, 심폐 기능 향상, 고혈압과 당뇨병 예방, 고지혈증과 비만 개선 등 다양한 건강 증진 효과가 있다.

등산이 주는 몸과 마음의 선물

등산은 유산소 운동으로 체력 증진은 물론, 하체 근력, 근지구력, 유연성, 균

건강을 위한 최고의 선택

형 감각까지 종합적으로 발달시킨다. 정신 건강에도 긍정적인 영향을 주는데, 숲에서 나오는 피톤치드는 면역력을 높이고, 스트레스를 줄이며, 신경전달물질인 세로토닌 분비를 촉진해 마음의 안정을 준다. 긍정적인 생각을 할 때 분비되는 베타엔돌핀 수치도 등산 후 평균 10~20% 상승하는 것으로 밝혀졌다(정덕환 외, 2011).

등산이 위험할 수도 있다?

장점이 많은 만큼, 등산은 철저한 준비가 필요한 운동이다. 산길은 불규칙하고 경사와 미끄러운 곳이 많기에 부상의 위험이 존재한다. 특히 내리막길에서는 무릎 외측에 통증이 나타나는 장경인대 증후군, 대퇴사두근 피로에 의한 다리 떨림, 발목 염좌 등 부상 가능성이 높다. 따라서 등산 전에는 반드시 하체 근력과 심폐 지구력을 어느 정도 길러야 하며, 준비 운동도 필수다.

등산 시 주의 사항

등산 시에는 기본 코어 세팅 자세를 유지하며, 충격이 큰 동작, 비틀기, 발을 강하게 차는 동작은 피해야 한다. 등산 시 가장 많이 쓰는 근육은 허벅지 앞의 대퇴사두근이다. 오르막에서는 몸을 끌어올리는 데 사용되고, 내리막에서는 속도를 제어하는 브레이크 역할을 한다. 특히 내리막에서는 근육이 늘어나며 힘을 내는 '신장성 수축'이 발생하기 때문에, 피로가 더 빠르게 누적되고, 손상 위험이 높다.

장요근은 산을 오르거나 내릴 때 모두 사용되는 고관절 굴곡근으로, 쉽게 피로가 누적된다. 장시간 등산 시 사타구니 통증의 원인이 되기도 하므로, 장요근

을 비롯한 고관절 주변 근육은 등산 전에 반드시 스트레칭과 근력 운동은 필수
적이다.

오를 때

- 보폭을 작게 하고 무릎을 살짝 들어 앞으로 걷는다.
- 상체를 약간 앞으로 기울여 중력을 활용한다.
- 발바닥 전체로 안정적으로 딛는다.
- 무릎이 안으로 모이지 않도록 주의한다.

내려갈 때

- 보폭을 더 좁게 하여 걸음의 높낮이를 줄인다.
- 상체를 살짝 앞으로 기울여 균형을 잡는다.
- 대퇴사두근으로 브레이크를 걸며 천천히 이동한다.
- 무릎을 다 펴지 않고, 무릎의 비틀림을 방지한다.

오늘, 자연이 당신을 부른다.

등산은 걷기보다 더 큰 도전이지만, 그만큼 더 깊은 보람이 있다. 피톤치드와
음이온이 가득한 숲길을 따라 천천히 걷다 보면, 어느새 숨은 가쁘지만 마음은
맑아진다.

올라갈 때는 천천히, 내려올 때는 더욱 조심스럽게.
체력과 자세만 잘 준비하면, 등산은 누구에게나 열린 최고의 건강 습관이다.

오늘 당장 가까운 산으로 발걸음을 옮겨보자.

자연은 언제나 우리를 기다리고 있다.

등산 전후 준비 운동 및 회복 루틴

등산은 전신 유산소·근력 복합 운동이므로, 운동 전 준비가 매우 중요하다. 특히 하체, 고관절, 발목의 유연성과 활성화가 핵심이 된다.

1. 무릎 돌리기

방법 – 양발을 어깨너비로 벌리고 무릎을 살짝 굽힌 상태에서 원을 그리듯 돌린다.

횟수 – 시계방향, 반시계방향 10회씩 실시한다.

효과 – 무릎 관절 가동성을 개선한다.

2. 고관절 수평 회전 스트레칭

방법 – 한쪽 다리를 무릎 굽힌 채 들어 올려 원을 그리듯 고관절을 회전한다.

횟수 – 한쪽당 10회 실시한다.

효과 – 고관절 유연성 및 장요근을 활성화 한다.

3. 런지 워킹

방법 – 제자리에서 앞으로 큰 보폭으로 런지를 하며 걷는다.

횟수 – 10보씩 왕복 2세트 실시한다.

효과 – 대퇴사두근과 둔근, 햄스트링 가동성을 향상시킨다.

4. 발목 펌프 & 종아리 들기

방법 – 서서 발뒤꿈치를 들었다 내리기와 앞꿈치 들기를 실시한다.

횟수 – 20회씩 각각 2세트 실시한다.

효과 – 종아리 펌핑 효과로 혈류 증가 및 발목 안정성을 강화한다.

5. 가벼운 팔 돌리기 및 허리 돌리기

팔을 양옆으로 크게 돌리고, 허리는 천천히 원을 그리며 회전한다.

등산 중 자세 유지 및 피로 방지 팁

보폭은 작게 하고, 무릎을 약간 굽혀 충격을 완화한다.

발바닥 전체로 디디기, 특히 내리막에서 앞꿈치만 닿는 것은 금물이다.

10~15분마다 짧은 휴식을 취하고, 숨이 차기 전에 쉬는 것이 체력 관리에 더 좋다.

손가락을 가볍게 움직이며 등산하면 혈액 순환 개선에 도움이 된다.

스틱 사용 시에는 오르막보다 내리막에서 지면 충격 완화에 효과적이다.

하산 후 회복 운동 루틴 (15~20분)

하산 후 바로 일상으로 돌아가기보다, 사용한 근육들을 풀고 근육통이나 관절 부담을 줄이는 회복 루틴이 필요하다.

1. 대퇴사두근 스트레칭

방법 – 손으로 발등을 잡아 뒤꿈치를 엉덩이 쪽으로 당긴다.

시간 – 20초씩 양쪽 반복한다.

효과 – 무릎 앞쪽 긴장을 해소하고, 내리막에서 사용한 근육 회복에 좋다.

2. 햄스트링 스트레칭

방법 – 한 다리를 앞으로 뻗고, 몸을 앞으로 숙여 다리 뒤쪽 햄스트링을 늘려 준다.

시간 – 20초씩 반복한다.

3. 장요근 스트레칭

방법 – 한쪽 다리를 앞으로, 한쪽 무릎은 90도 정도 내리고 엉덩이를 앞으로 민다.

시간 – 20초씩 반복한다.

효과 – 고관절 굴곡근 스트레칭과 사타구니 통증을 예방한다.

4. 종아리 스트레칭

방법 – 한 발을 뒤로 뻗고, 발뒤꿈치를 바닥에 붙인 채 벽을 민다.

시간 – 20초씩 반복한다.

5. 폼롤러, 지압볼 마사지

종아리, 대퇴사두근, 엉덩이 근육을 폼롤러로 마사지한다.

발바닥은 지압볼로 문질러 족저근막염을 예방한다.

회복을 위한 추가 팁

수분 보충 – 전해질이 포함된 물 또는 이온 음료를 섭취한다.

단백질 섭취 – 하산 후 30분 이내에 단백질과 탄수화물을 섭취한다.

냉찜질 – 무릎 통증이나 발 피로가 있을 경우 효과적이다.

가벼운 스트레칭 반복 – 자기 전에 한 번 더 근육을 풀어주는 것이 다음 날 통증 완화에 도움이 된다.

등 짝

유웅서

저게 저절로 만들어질 리 없다
저 안에 턱걸이 몇 개
저 안에 풀업이 몇 개
저 안에 딥스가 몇 개

저게 저 혼자 갈라질 리 없다
저 안에 뿌리친 유혹이 몇 밤
저 안에 당긴 횟수가 수만 번
저 안에 밀어낸 횟수가 몇만 번 들어서서
멋지게 갈라졌을 게다

멋진 등짝아
너는 세상과 통하였구나.

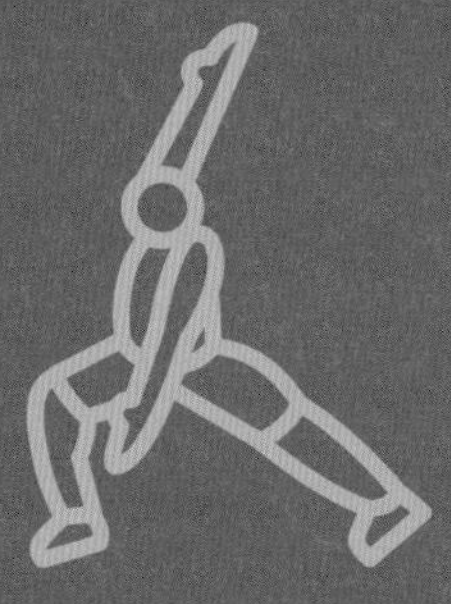

Part 7

악력 운동 가이드

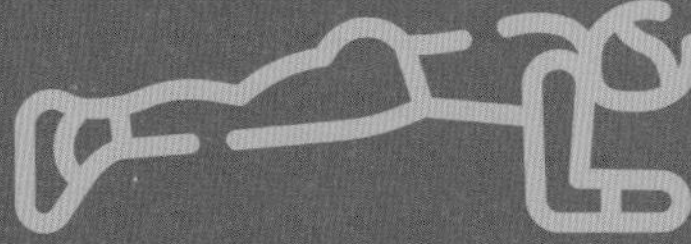

"강한 악력은 강한 생존력의 신호다."

— 타카시 시마

1

장수를 원한다면, 지금 당장 악력부터 키우자

"노화에 대한 철저한 관리는 20억을 버는 것과 같다."

서울아산병원 노년 내과 정희원 교수님의 이 한마디는 꽤 충격적이다.

"우리가 제대로 건강 관리를 하지 않으면, 그동안 힘들게 벌었던 수억 원 이상을 병상에서 그대로 소비하게 된다는 뜻이다. 지금 계산해보자. 간병인이 필요한 상황에서 24시간 케어를 받으려면, 한 달에 약 600만원이 든다. 연간 7,200만원. 예금 이자율 4% 기준으로 따져도 20년이면 20억은 있어야 가능하다. 말 그대로, 열심히 벌어놓은 돈이 병원비와 간병비로 흘러 들어가는 인생이 될 수도 있다는 거다. 특히 66세에 근 감소나 노쇠가 있는 사람은, 10년 뒤 간병인을 쓸 확률이 무려 11배 높다"

결국, 몸을 챙기지 않고 살아온 대가를 몸으로, 그리고 돈으로 치르게 되는 거다. 그게 현실이다.

하지만 반대로 생각해보자. 지금부터 몸을 챙기면 20억을 '버는' 거다. 이보다 더 큰 투자처가 있을까? 20대, 30대에 만든 생활 습관은 50대, 60대의 삶을 결정한다. 젊을수록 효과는 기하급수적이다. 의학의 발달로 평균 수명이 증가하는 현실에서 건강 수명을 위해 지금이 건강 관리를 시작할 타이밍이다.

건강 관리는 어떻게 시작해야 할까?

사실, 뻔한 얘기들일 수 있다. 잘 먹고, 잘 자고, 스트레스 줄이고, 좋은 생각하기. 다 맞는 말이다. 그런데 그보다 더 강력하게 효과 있는 방법이 있다. 바로 근육과 가동성이다. 정희원 교수님이 강조하신 말이 인상 깊었다.

"영양제 사느니, 운동에 돈을 써라. 다양한 운동을 배워라. 그 효과는 언제나 10배, 100배, 1000배다."

운동 전문가인 저자에게는 너무 당연한 말이지만, 의사 선생님이 이런 이야기를 해주시니 정말 반가운 일이다. 건강은 운동에서 출발한다. 우리 몸을 지탱하는 건 근육이다. 가동성이 떨어지면 근육도 굳고, 약해진다. 결국, 건강을 잃는다. 그러니 지금부터 근력 운동과 유연성 운동을 함께 시작해야 된다.

그런데, 왜 하필 '악력'인가?

많은 사람이 이렇게 묻는다. "전신 근육도 아니고 악력이 그렇게 중요해요?"

놀랍게도 악력은 전신 건강을 대표하는 지표이다. 악력은 단순히 손으로 얼마나 세게 쥘 수 있느냐의 문제가 아니다. 손에서 시작해서 전완, 상완, 어깨, 등 근육까지 함께 작용한다. 악력은 전신 근력과 건강을 예측할 수 있는 매우 강력한 지표다. 최근 연구들이 이를 증명한다. 국내 연구(Kim & Ho, 2020)에서는 악력이

상위 30%인 사람은 하위 30%에 비해 사망률이 53.9% 낮았다고 한다. 싱가포르(Malhotra et al., 2020), 미국(Li et al., 2018), 이탈리아(Rossi et al., 2017) 등지에서도 악력이 높을수록 조기 사망 위험이 줄어든다는 결과가 나왔다.

단순히 '손힘'이 아니다. 악력이란, 위급한 상황에서 난간을 붙잡을 수 있는 힘이며, 균형을 잃었을 때 나를 지탱해주는 근력이다. 넘어질 때, 비틀거릴 때, 누군가를 도와야 할 때… 악력은 생명을 지키는 힘이 될 수 있다. 게다가 악력은 나이와 상관없이 모든 연령대에서 중요하다. 아이가 연필을 쥐고 쓰는 힘부터, 성인이 운동할 때 중량을 드는 힘까지, 거의 모든 일상 속 동작이 악력과 연결된다.

악력 운동, 어렵지 않다.

악력을 기르는 운동은 생각보다 간단하다. 단순히 주먹을 쥐었다 폈다 50번 반복하기. 수건을 빨래짜듯 비틀기, 테니스공 쥐기, 두꺼운 책 여러 권 들고 흔들기 그리고 매달리기. 철봉에 매달려서 버티는 것만으로도 악력, 어깨 안정성, 전신 근력까지 훈련할 수 있다. 특히 매달리기는 모든 사람에게 추천하고 싶다. 40세 남성은 2분, 여성은 90초 이상 매달릴 수 있도록 목표를 정해보자. 처음엔 어렵지만, 조금씩 길어지는 자신을 보면 꽤 뿌듯할 거다. 저자 역시 평소에 틈틈이 한다. 걷기나 달리기를 할 때에도 주먹을 쥐었다 펴거나, 앉아 있을 때는 발가락을 오므렸다 펴기를 한다. 손끝과 발끝은 전신 혈류를 자극하는 핵심이다. 작지만 놀라운 변화가 생긴다.

자, 지금 한번 쥐어보자.

악력은 단순한 체력 지표가 아니다.

악력은 건강을, 그리고 생명을 지켜주는 힘이다.

지금 당장 주먹을 쥐었다 펴기를 반복하면서 눈을 감고 상상해봐라. 주먹을 꽉 쥘 때마다 공기 중의 좋은 에너지가 몸 안으로 흘러들어 오는 것을. 그 에너지가 나의 근육과 뼈를 지탱하고, 나의 미래를 단단히 붙잡아주는 것처럼 말이다.

악력은 평생을 지켜주는 무기다.

그 무기를 매일 조금씩 키워보자.

내 삶의 방향을 바꾸는 가장 작은 습관, 그 시작은 '쥐는 힘'이다.

2

잡는 힘이 곧 사는 힘이다
- 일상을 바꾸는 악력의 비밀

하루를 시작할 때, 커피잔을 들고 물을 따르고, 뚜껑을 열고, 청소기를 돌리고, 아이 손을 잡아주고, 시장에서 장바구니를 든다. 별것 아닌 일처럼 보이지만, 이 모든 행동은 하나의 공통점을 갖고 있다. 바로 손으로 '쥐는 힘', 악력이다.

저자는 이렇게 말하고 싶다. "악력은 당신의 삶을 지탱하는 힘이다."

기억해 보자. 병뚜껑이 안 열려서 몇 번이고 씩씩거리며 애쓰던 기억. 무거운 프라이팬을 들다가 손목이 꺾여 버린 순간. 양손으로 빨래를 짜내는데 손이 저려와 멈춘 적. 이 모든 게 악력이 약해졌다는 신호다. 그런데 이게 단순히 불편함에서 끝날까?

노년기에는 이 문제가 훨씬 심각해진다. 손의 힘이 약해져 뚜껑을 못 열고, 식사 준비를 포기하거나, 욕실에서 넘어졌을 때 난간을 못 붙잡아 크게 다치거나,

건강을 위한 최고의 선택

손에 힘이 없어서 일상생활 자체가 무너지는 상황을 상상해 보라, 너무 끔찍하지 않은가.

손의 힘이 무너지면, 삶이 무너진다.

악력이 약해지면 단순히 물건을 못 드는 게 문제가 아니다. '독립된 삶'이 흔들리는 것이다. 자존감이 무너지고, 사람에게 의지해야 하는 일이 늘어난다.

실제로, 일본의 한 연구에서는 손의 악력이 약해지기 시작하면 3년 이내에 걷기 속도가 느려지고, 계단을 오르내리는 능력도 줄어든다는 결과를 보고했다. 결국, 손의 힘은 우리 몸 전체 근력과 기능의 시작점이라는 얘기다.

손끝 감각, 뇌 건강과도 연결된다.

손을 많이 쓰는 사람일수록 두뇌 자극도 활발하다. 손은 뇌와 가장 가까운 감각기관 중 하나다. 그래서 손의 움직임과 감각 자극은 곧 두뇌 건강과도 깊은 연관이 있다. 아이들이 손으로 장난감을 쥐고 놀면서 두뇌가 발달하듯, 어르신들이 손뜨개질을 하며 정신이 또렷해지는 것도 같은 원리다. 손을 쓰는 것은 뇌를 깨우는 일이다. 쥐고, 잡고, 비틀고, 꾹 눌러보는 것. 이 단순한 동작들이 뇌와 온몸을 깨어나게 만든다.

일상 속 악력 점검 리스트

다음 중 해당되는 게 있다면, 당신은 이미 손의 힘이 약해지고 있다는 증거일 수 있다. 김치통 뚜껑을 여는 게 어렵다. 물병 뚜껑을 열다 손목이 아프다. 빨래를 짜기 어려워서 세탁기 탈수를 꼭 쓴다. 커피잔을 오래 들고 있으면 손가락이 저릿하다. 무거운 팬이나 냄비를 들다 팔이 꺾인다. 가위질을 할 때 손이 아프다. 스마트폰을 오래 들고 있으면 손이 떨린다. 이런 불편함이 반복된다면, 지금이 바로 악력을 다시 단련해야 할 때다.

지금부터 손을 단련하는 생활 루틴

복잡할 것 없다. 일상 속에서 자연스럽게 손을 쓰는 습관을 만들면 된다.

테니스공 쥐었다 펴기

책상 옆에 두고 수시로 10회씩만 해보자. 전완근과 손가락 힘이 살아난다.

수건 비틀기 운동

마른 수건을 양손으로 잡고, 짜듯이 비틀기를 반복한다. 손목과 손가락 관절까지 골고루 쓰인다.

책이나 잡지 여러 권 들고 팔 흔들기

책을 쥐고 위아래로 10번씩 흔들어보자.

생활 속 매달리기

철봉이 없어도 문틀에 철봉을 설치하여, 가볍게 10초씩 매달려 보는 습관을 가져보자. 시작은 짧게, 하루하루 늘려가자.

손끝 명상

주먹을 쥐었다 펴면서, 눈을 감고 손끝 감각에 집중해본다. "지금 내 손이 살아있구나." 이 짧은 감각만으로도 뇌와 몸이 깨어난다.

손을 다시 쥐는 순간, 삶을 다시 붙잡게 된다. 손은 단순히 물건을 잡는 도구가 아니다. 손은 삶을 붙잡는 기관이다. 손의 힘을 키우는 건, 내가 내 삶을 '다시 움켜쥘 준비'를 한다는 의미다. 누구도 대신 쥐어줄 수 없다. 내가 내 손으로, 나를 책임져야 한다. 단단히 쥐고, 가끔은 펼쳐내고, 필요할 땐 꽉 쥐는 것. 그 모든 과정을 통해 몸과 마음이 다시 살아난다.

오늘, 커피잔을 들 때 한 번만 더 의식해보자.

내 손이 참 고맙다.

그리고 그 손에 다시 힘을 주는 것, 그게 진짜 건강의 시작이다.

3

철봉 하나면 충분하다
- 최고의 전신 운동, 매달리기 루틴

어릴 때 놀이터 철봉에 거꾸로 매달려 보지 않은 사람 있을까?

그때는 그렇게 잘 했던 게, 지금은 손이 미끄러지고 어깨가 아파서 엄두가 안 난다.

문득 철봉에 매달려 있는 아이들을 보면서 종종 이런 생각이 들었을 것이다.

"나도 저렇게 다시 매달릴 수 있을까…"

할 수 있다. 단순한 매달리기 한 동작, 그거 하나면 충분하다.

손의 힘, 어깨의 안정성, 척추의 부담 해소, 코어 근육의 강화까지 전신에 놀라운 변화를 만든다.

매달리기는 왜 이렇게 좋은가?

단순히 손으로 철봉을 잡고 매달리는 것. 그 동작이 왜 그렇게 대단할까?

1. 악력 강화의 끝판왕

매달리기를 하려면 손으로 체중을 버텨야 한다.

손가락, 손바닥, 전완근, 상완이 동시에 긴장하고 작동한다.

이보다 실전적인 악력 훈련은 없다.

2. 어깨 안정성 향상

현대인 대부분은 어깨가 말려 있고, 불안정한 자세를 가지고 있다.

매달리기를 하면 어깨 관절을 감싸는 작은 안정근들이 다시 깨어난다.

특히 극상근, 견갑하근 같은 회전근개가 튼튼해진다.

3. 척추 압박 해소와 관절 견인 효과

앉아 있는 시간이 길어질수록 척추는 눌리고, 디스크는 압박된다.

매달리기는 중력 방향으로 몸을 이완시켜 척추 견인 효과를 만든다.

"하루에 한 번 철봉에 매달리는 사람은 디스크 질환에서 자유로워진다"는 말이 있을 정도다.

4. 전신 긴장과 코어 자극

팔과 어깨만 쓰는 게 아니다.

매달린 자세를 유지하려면 복부, 둔부, 허벅지까지 전부 긴장해야 한다.

온몸이 깨어나고, 전신 운동이 된다.

지금부터 해보자 – 매달리기 루틴 입문편

처음부터 잘할 필요 없다. 중요한 건 '매일매일 조금씩 하는 것'이다.

다음은 단계별 매달리기 훈련 루틴이다.

1단계 – 발 딛고 매달리기(도움 매달리기)

철봉 또는 문틀 철봉을 잡고, 발끝은 바닥에 살짝 닿은 상태로 무게의 30~50%만 손과 팔로 지탱한다. 10초부터 시작하여 하루 3세트 실시한다. 발끝에 힘을 빼고 어깨를 릴랙스하며 늘어뜨려 준다.

2단계 – 완전 매달리기(자유 매달리기)

양손으로 철봉을 잡고 발을 완전히 띄우고, 손, 팔, 어깨, 복부, 둔근을 조여서 버틴다. 10~30초 유지, 하루 3세트 진행한다. 목표는 1분. 하지만 처음엔 10초도 쉽지 않다. 작게 시작하자.

3단계 – 다리 올리기(코어 운동)

매달린 상태에서 무릎을 들어올리는 동작으로 복부를 조이며 90도까지 다리를 당긴다. 5~10회 반복하며, 복부와 코어 전체 자극이 가능하다. 이 루틴은 '턱걸이'를 하기 위한 준비 운동이자 복부 강화에 탁월하다.

연령대별 매달리기 목표

나이	남성 목표	여성 목표
30대	2분 이상	90초 이상
40대	1분 30초	60초
50대	1분	45초

60대 이상	45초	30초

내 손으로 내 몸무게를 버틸 수 있다면, 노화의 기본 조건을 이긴 것이다.

넘어지거나 위급할 때, 그 손이 내 생명을 구할 수도 있다.

어깨 통증 있는 사람은?

어깨 통증이 있거나 오십견, 회전근개 손상이 있는 경우엔 주의가 필요하다.

이런 사람은 아래 동작부터 먼저 해보자.

도어프레임 밀기

양손을 문틀에 대고 바깥 방향으로 밀어 어깨 안정근 깨우기.

밴드 매달리기

고무 밴드를 철봉에 걸고 발을 걸어 지지력을 보강한다.

매달려서 견갑골 올리기

매달린 상태에서 견갑골만 위로 끌어올리는 가벼운 움직임으로 5~10회 반복한다. 무리하지 말고, 아프면 중단. 매달리기 전엔 항상 어깨 스트레칭을 하고 시작하자.

철봉 하나면 충분하다.

헬스장도, 기구도 필요 없다. 철봉 하나만 있으면, 전신이 깨어난다.

손끝으로 버티는 이 단순한 동작 하나가, 삶의 회복력을 되찾아주는 운동이 된다. 지금이라도 문틀 철봉 하나 주문해보자. 눈에 보이는 곳에 걸어두고, 하루에 10초만 매달려 보자. 하루 10초가 쌓이면, 어느새 1분이 되고, 어느새 삶이 바뀐다. 손으로 몸을 지탱할 수 있다면, 그 사람은 아직도 강하다.

매달리기를 할 수 있다는 건, 그 무엇보다 소중한 '내 몸을 지탱할 힘이 남아 있다'는 증거다. 지금, 철봉을 향해 손을 뻗어보자.

"손의 힘은 전신 건강의 바로미터다."

— 리처드 보한논

Part 8

부위별 운동 가이드

> "통증은 고장이 아니라 신호다."
>
> — 로렌스 번스타인

1

허리 건강을 위한 운동 가이드

현대 사회에서 허리 통증을 경험하거나 치료를 받은 사람은 전체 인구의 약 85%에 달한다. 요통은 단순한 불편함을 넘어, 일상적인 움직임은 물론 앉아 있는 것조차 어렵게 만들며, 심한 경우 수면 장애와 삶의 질 저하로 이어진다. 통증이 장기간 지속되면 약물 치료를 넘어 주사 치료나 수술을 고민하게 되지만, 실제로는 대부분의 요통이 수술 없이도 충분히 호전될 수 있다.

미국 스포츠의학회(American College of Sports Medicine, ACSM)와 다수의 임상 연구에 따르면, 요통 환자의 약 80%는 디스크 손상이 동반되어 있더라도 수술 없이 6주간의 적절한 척추 가동 운동과 안정화 운동만으로 증상이 의미 있게 개선될 수 있다[1]. 이는 허리 통증의 상당수가 구조적 파괴가 아닌 기능적 문제에서 비롯된다는 것을 의미한다.

근골격계는 중력에 대항해 가장 효율적인 정렬을 유지할 때 최소한의 에너지로 몸을 지탱할 수 있도록 설계되어 있다. 그러나 잘못된 자세가 반복되면 골격의 균형이 무너지고, 결국 자신의 체중이 지속적인 손상 요인으로 작용하게 된다. 그 중심에 있는 부위가 바로 허리, 즉 요추(Lumbar Spine)다.

허리는 상체와 하체를 연결하는 구조로, 걷기·앉기·서기·물건 들기 등 거의 모든 일상 동작에서 가장 큰 하중을 받는다. 장시간 앉아 있는 자세, 허리를 굽힌 채 반복되는 생활 동작(세수, 양치, 설거지), 잘못된 들어올리기 패턴은 요추에 지속적인 압박과 전단력을 가한다. 여기에 신체 정렬이 무너진 상태에서 고중량 운동까지 더해지면, 디스크와 후관절, 인대 구조에 과도한 손상이 발생할 수 있다.

특히 중요한 점은, 허리 통증의 원인이 단순히 '허리가 약해서'가 아니라는 사실이다. 많은 경우 문제의 본질은 코어 근육의 협응 저하, 고관절 가동성 감소, 둔근과 복부 안정근의 약화에 있다. 허리는 그 자체로 과도하게 움직이기보다, 안정성을 제공해야 하는 구조다. 그러나 주변 관절과 근육이 제 역할을 하지 못하면, 허리가 대신 움직이며 통증을 감당하게 된다. 따라서 허리 건강을 지키기 위해 가장 중요한 것은 무작정 강도를 높이는 운동이 아니라, 바른 자세 인식과 단계적인 가동성 회복, 그리고 안정화 중심의 운동 전략이다. 허리 운동의 목적은 '강하게 만드는 것'이 아니라, 필요 이상으로 쓰이지 않도록 보호하는 것이다.

적절한 허리 재활 운동은 통증 감소는 물론, 재발 방지와 기능 회복에 결정적인 역할을 한다. 특히 척추의 중립 정렬을 유지하는 능력과 코어 안정성을 회복하면, 일상생활 속 허리 부담은 눈에 띄게 줄어든다. 허리 건강의 핵심은 치료보다 예방과 관리, 그리고 올바른 움직임 습관에 있다.

올바른 허리 자세 – '치가턱' 자세

바른 자세는 건강을 유지하는 데 필수적이다. '치가턱' 자세는 건강을 위해 가장 중요한 기본자세로 모든 운동에 적용된다. 다음과 같이 실시한다.

1. 꼬리뼈를 치골 방향으로 가볍게 끌어당기면서 치골을 머리 방향으로 올려 골반기저근을 수축한다.
2. 가슴을 펴고 어깨를 안정되게 내린다.
3. 턱을 가볍게 당겨 얼굴이 정면을 향하도록 한다.

이 자세를 유지할 때 최소한의 힘으로 몸을 위로 들어 올리는 느낌을 가져야 한다. 마치 키가 커지는 느낌이나 뒤꿈치를 들기 직전의 느낌으로 앉고, 서고, 걷고, 뛰는 모든 동작에 적용한다.

아침에 꼭 해야 할 허리 운동 – 모닝 운동(Morning exercise)

허리는 아침에 가장 손상되기 쉽다. 자는 동안 디스크 내로 수분이 흡수되면서 디스크가 팽창하고, 이로 인해 기상 직후 허리 통증이 심해질 수 있다. 따라서 아침에 눈을 뜨자마자 침대에서 간단한 허리 운동을 하고 일어나면, 허리 주변에 근육, 인대, 관절을 윤활하게 하여 허리를 보호할 수 있다.

1. 코어 근육 강화 운동(Core exercise)

효과 허리 굴곡근과 신전근을 강화한다.

1. 누워서 무릎을 90도 구부리
   는 자세(Hooklying position)
   에서, 치골을 명치 방향으로
   끌어당겨 복근을 수축시켜
   허리로 바닥을 누르고 5초
   유지한다.

2. 다음으로 양팔을 외회전하면
   서 머리 옆에 놓고, 치골을
   아래 방향으로 내려주어 허
   리 신전근인 척추기립근을
   수축시켜 허리 전만 상태로
   5초 유지한다.

• 교대로 왕복 5회 실시한다.

2. 누워서 좌우 스윙 운동(Swing exercise)

효과 허리 가동성 및 코어 근육 강화에 좋다.

1. 바닥에 누워 무릎을 90도로 굽히고, 발은 엉덩이 너비로 벌린 채 바닥에 놓고 양 무릎을 좌우로 부드럽게 스윙해 준다. 왕복 10회 반복한다.

2. 누워서 한쪽 다리 꼬고 좌우로 스윙하며, 양쪽을 각각 왕복 10회씩 실시한다.

3. 양 무릎을 90도로 굴곡해서 들고, 똑같이 양쪽으로 스윙한다. 이때 치골을 가볍게 명치 쪽으로 당겨 복근에 약간의 긴장감을 가지고 가볍게 스윙한다. 왕복 10회 실시한다.

• 통증이 있는 경우는 통증이 없는 범위에서 실시하고, 점점 범위를 늘려간다.

3. 고관절 가동성 운동(Hip exercise)

 고관절 굴곡 운동으로 고관절 굴곡 각도 증가와 허리 근육, 엉덩이 근육을 이완시킨다.

1. 누워서 한쪽 다리는 쭉 펴고, 한쪽 무릎은 구부려 양손으로 가슴 방향으로 허벅지를 끌어당기는데, 숨을 내쉬면서 끝까지 당기고 5초 유지한다.

- 당길 때 너무 안쪽으로 당기면 고관절 통증을 유발할 수 있으니 약간 가슴 옆쪽으로 당긴다. 양쪽 교대로 5회씩 실시한다.

2. 척추 트위스트 스트레칭으로 누워서 한쪽 무릎은 펴고, 반대쪽 무릎을 90도로 구부려 돌리고 시선은 반대 방향으로 향하여 하지와 상지를 트위스트 해준다.

3. 고개를 돌린 반대쪽 손은 구부린 무릎 외측을 가볍게 눌러준다. 10초 유지하고 교대로 3회씩 실시한다.

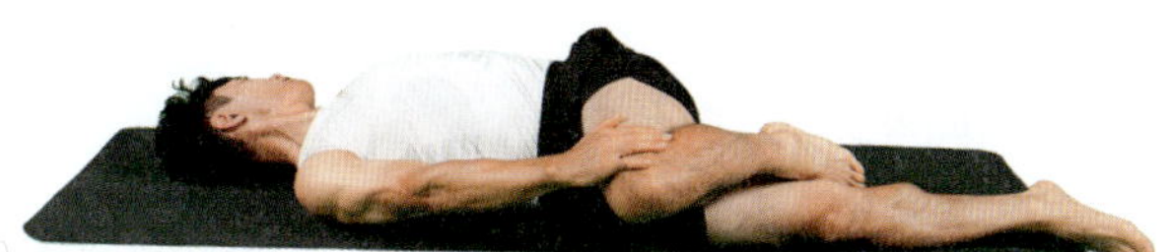

4. 상하지 회전 운동(Twist exercise)

효과 상하지의 회전 운동으로 체간의 가동성을 개선한다.

1. 누워서 양팔을 벌려 고정하고, 하지를 교대로 회전하여 발끝이 교대로 바닥을 터치한다.

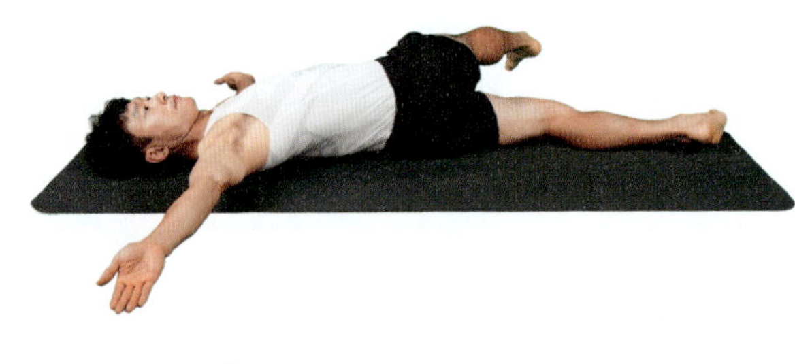

2. 누워서 양다리 벌려 고정하고, 머리에 깍지 끼고 양 팔꿈치 교대로 바닥을 터치한다.

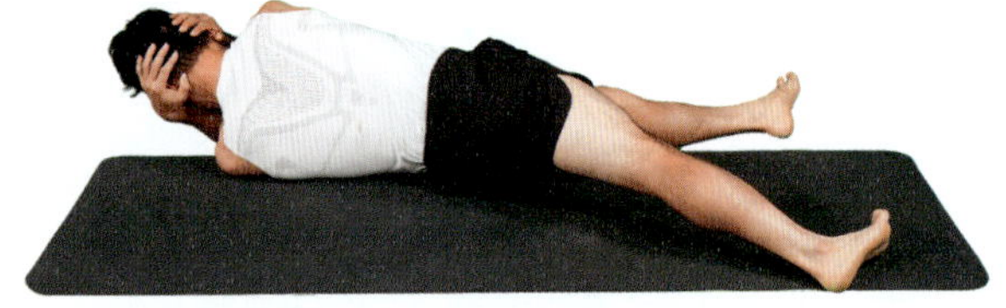

3. 엎드려 양팔 벌려 고정하고, 양다리 교대로 회전하여 뒤꿈치로 바닥을 터치한다.

4. 엎드려 양다리 벌려 고정하고, 머리에 깍지 끼고 양 팔꿈치 교대로 회전하여 바닥을 터치한다.

- 왕복 10회씩 실시한다.

- 처음부터 무리하게 회전을 많이 하지 말고, 할 수 있는 범위까지 실시하고 점점 늘려간다.

5. 맥켄지 신전 운동(McKenzie extension exercise)

효과 허리를 신전시키면서 디스크 압력을 줄이고, 허리 통증을
완화한다.

1. 엎드린 자세에서 팔꿈치를
바닥에 대고 팔로 상체를 지
탱한다.

2. 천천히 팔을 펴면서 상체를
들어 올리고 허리를 부드럽
게 신전시킨다.

- 허리가 아프지 않은 한도 내
에서 상체를 최대한 들어 올
리며 숨을 내쉬면서 5초간
유지한다.

- 천천히 원래 자세로 돌아가
고 5회 반복한다.

6. 고양이-소 운동(Cat-cow exercise)

 척추의 유연성을 향상시키고, 허리 근육을 강화한다.

1. 네발기기 자세에서 시작한다. 손목은 어깨 아래, 무릎은 엉덩이 아래에 위치시킨다.

2. 고개를 들면서 골반 전방경사를 만들어 허리를 신전시켜 척추 기립근을 수축한다(소 자세).

3. 고개를 숙이면서 치골을 명치 방향으로 끌어당겨 골반 후방경사와 함께 복근을 수축한다(고양이 자세).

• 이 동작을 5초 유지하고 교대로 5회 반복한다.

7. 네발기기 측굴 운동(Quadriped side exercise)

효과 허리의 좌우 가동성과 요방형근을 강화한다.

1. 네발기기 자세에서 시작한다. 손목은 어깨 아래, 무릎은 엉덩이 아래에 위치시킨다.

2. 골반을 왼쪽으로 돌리면서 동시에 머리도 같은 방향으로 돌려 같은 쪽 골반을 쳐다본다.

• 이 동작을 5초 유지하고, 교대로 5회 반복한다.

8. 고관절 접기 운동(Hip hinge exercise)

 고관절 굴곡 각도를 늘려 허리 통증을 완화한다.

1. 네발기기 자세에서 시작한
   다. 손목은 어깨 아래, 무릎
   은 엉덩이 아래에 위치시킨
   다.

2. 허리 중립 자세를 유지하고,
   엉덩이가 뒤꿈치에 닿을 때
   까지 내려준다.

3. 이 상태에서 가볍게 반동을
   준다.

- 20회 반동을 3회 반복한다.

건강을 위한 최고의 선택

9. 엉덩이 들기 운동(Bridge exercise)

효과 허리, 엉덩이, 햄스트링 근육을 강화한다.

1. 바닥에 등을 대고 누워 무릎을 굽히고, 발을 엉덩이 너비로 눕는다.

2. 팔은 몸 옆에 두고 손바닥은 천장을 향하게 한다.

3. 앞꿈치를 들고, 엉덩이를 천천히 들어 올리면서 어깨, 허리, 엉덩이가 일직선이 되도록 한다.

- 이 자세를 5초간 유지한 후 천천히 엉덩이를 바닥으로 내린다.

- 10회 반복하고 3세트 진행한다.

- 위에서 봤을 때 몸의 중심선이 신체의 좌우측을 양분하여야 한다.

- 강도를 올릴 때는 한쪽 다리를 뻗어주거나, 양손을 천장 방향으로 뻗어준다.

10. 플랭크 운동(Plank exercise)

효과 허리와 복부 근육을 강화해 척추를 지지하고 허리의 안정성을
높인다.

1. 팔꿈치를 어깨너비로 벌리고
   바닥에 대고 엎드린다.

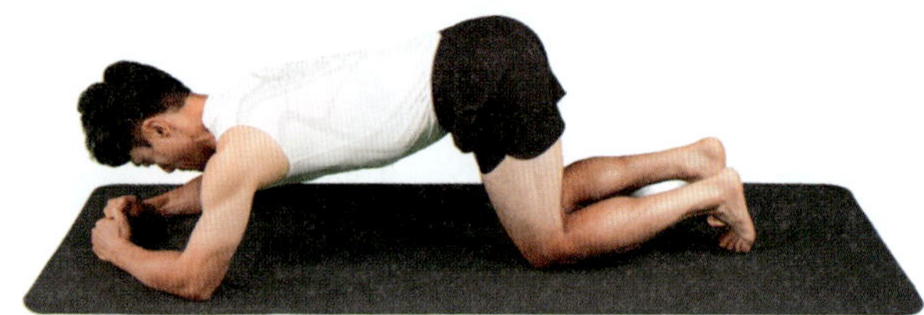

2. 발끝으로 몸을 지탱하며 치
   골을 명치 방향으로 끌어당
   겨 주면서 몸 전체를 일직선
   으로 유지한다.

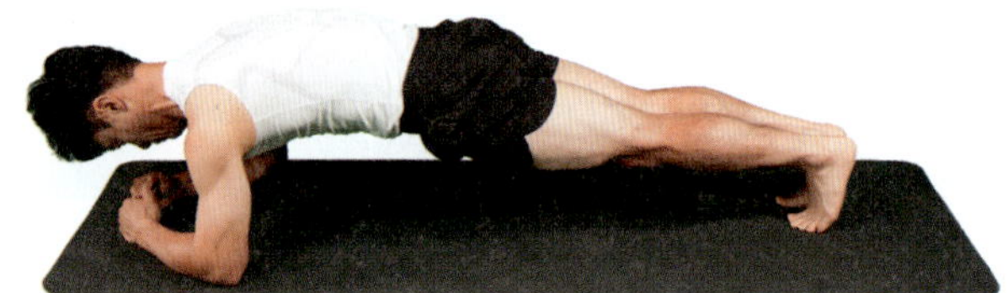

- 복부와 엉덩이에 힘을 주고
  이 자세를 20-30초간 유지
  한다. 점차 시간을 늘려 1분
  까지 유지할 수 있도록 한다.

- 3회 반복한다.

11. 사이드 플랭크 운동(Side plank exercise)

 옆구리와 하지 옆 근육을 강화해 척추를 지지하고 허리의
안정성을 높인다.

1. 팔꿈치를 대고 옆으로 눕는
   다.

2. 아래에 있는 발을 누르며 엉
   덩이를 들어 몸이 일직선이
   되도록 유지한다.

- 옆구리와 하지에 힘을 주고
  이 자세를 5초간 유지한다.

- 교대로 5회 반복한다.

- 강도를 올릴때는 엉덩이를
  든 상태에서 윗 다리를 들어
  준다.

12. 네발기기 코어 운동(Bird dog exercise)

효과 허리와 엉덩이 근육을 동시에 강화하며 몸의 균형과 안정성을 향상시킨다.

1. 네발기기 자세에서 시작한다.

2. 오른팔을 앞으로, 왼쪽 다리를 뒤로 천천히 들어 올려, 몸이 일직선이 되도록 한다.

- 이 자세를 5초간 유지한 후 원래 자세로 돌아온다.
- 치골을 명치 방향으로 당겨 허리 중립 자세를 유지한다.
- 교대로 5회 반복하고 3세트 진행한다.

13. 엎드려 신전 운동(Prone extension exercise)

 척추와 다리의 뒤쪽 근육들을 강화한다.

1. 엎드린 자세에서 양다리를
   교대로 들고 10회 반복한다.

2. 반대쪽 다리와 팔을 들고 교
   대로 10회 반복한다.

3. 양팔과 다리를 동시에 들고
   10회 반복한다.

14. 벽 스쿼트 운동(Wall squat)

효과 허리뿐만 아니라 하체 근육도 강화한다.

1. 벽에 등을 대고 서서 발을 엉덩이 너비로 벌린다.

2. 벽을 등으로 지탱하면서 천천히 무릎을 굽혀 앉는 자세를 취한다. 무릎이 90도에 가까워지면 멈추고 허리로 벽을 가볍게 눌러준다.

3. 10초간 유지하고 2초간 쉬고를 5회 반복한다.

- 운동을 처음 시작할 때는 가벼운 강도로 진행하며, 점진적으로 반복 횟수를 늘려가는 것이 중요하다. 또한, 운동 전후로 충분한 스트레칭을 통해 관절의 부담을 줄이고, 무리하지 않는 범위 내에서 규칙적으로 실천하는 것이 중요하다.

2

목 건강을 위한 운동 가이드

스마트폰과 컴퓨터 사용이 증가하면서 목 통증을 호소하는 사람들이 급격히 늘어나고 있다. 하루 종일 책상 앞에서 근무하는 직장인, 스마트폰을 장시간 사용하는 사람들, 심지어 성장기 학생들까지도 목 건강에 적신호가 켜진 상태다.

경추(Cervical Spine)는 인체의 목 부위에 위치한 척추로, 무게 약 4.5~5kg에 달하는 머리를 지탱한다. 그러나 머리가 앞으로 2~3cm만 이동해도 경추에 가해지는 하중은 2~3배 이상 증가한다. 즉, 고개를 숙이는 시간이 길어질수록 목은 구조적으로 과부하 상태에 놓이게 된다.

목은 단순히 머리를 받치는 구조물이 아니다. 척수와 뇌 신경이 통과하는 핵심 통로이며, 중추신경계를 보호하는 동시에 주요 혈관, 림프, 호흡과 관련된 근육들이 집중된 부위다. 따라서 경추 정렬이 무너지면 단순한 목 통증을 넘어

두통, 어깨 통증, 팔과 손의 저림, 집중력 저하, 심한 경우 호흡 패턴 이상까지 동반될 수 있다.

특히 장시간 고개를 숙인 자세는 경추의 정상적인 전만(curvature)을 소실시키고, 거북목 증후군, 일자목, 경추 추간판 탈출증(목디스크)으로 이어질 위험을 높인다. 이러한 상태가 지속되면 목 주변의 깊은 안정근은 약화되고, 반대로 겉근육은 과도하게 긴장하면서 통증의 악순환이 반복된다.

다행히 경추는 비교적 회복력이 높은 부위다. 연구에 따르면, 목의 가동성과 근력을 함께 개선하는 운동을 꾸준히 시행할 경우 통증 감소, 자세 개선, 기능 회복 효과가 유의하게 나타난다. 특히 약해지기 쉬운 깊은 경부 굴곡근과 견갑 안정근을 활성화하면, 거북목 증후군과 목디스크의 예방 효과가 크게 향상된다.

목 운동을 수행할 때 가장 기본이 되는 자세는 '치가턱 자세'다. 치가턱 자세는 턱을 과도하게 당기는 동작이 아니라, 머리를 뒤로 밀어 경추를 중립 정렬로 되돌리는 움직임이다. 이 자세는 경추의 정상 만곡을 회복시키고, 불필요한 겉근육 긴장을 줄이며, 깊은 경부 안정근을 선택적으로 활성화하는 데 핵심적인 역할을 한다.

목 건강은 특별한 기구나 고강도 운동이 필요한 영역이 아니다. 올바른 자세 인식과 간단한 스트레칭, 그리고 기본적인 근력 운동만으로도 충분히 지킬 수 있다. 중요한 것은 통증이 심해진 뒤의 치료가 아니라, 매일의 작은 관리로 경추를 보호하는 습관이다.

1. 상부 승모근 스트레칭(Upper trapezius stretching)

효과 거북목으로 짧아진 상부 승모근을 이완시켜 긴장을 풀어준다.

1. 의자에 바르게 앉거나 선 자세에서 시작한다.

2. 턱을 오른쪽 가슴 쪽으로 천천히 당기며, 시선을 왼쪽 겨드랑이를 향하고, 왼손은 오른쪽 후두부를 가볍게 왼쪽 겨드랑이 방향으로 당겨준다.

3. 오른손은 아래로 가볍게 내려 오른쪽 견갑골을 안정되게 내려준다.

- 양쪽을 교대로 15~20초 유지한 후 천천히 원래 자세로 돌아온다.

- 스트레칭 시 항상 숨을 내쉴 때, 가동 범위를 늘려준다.

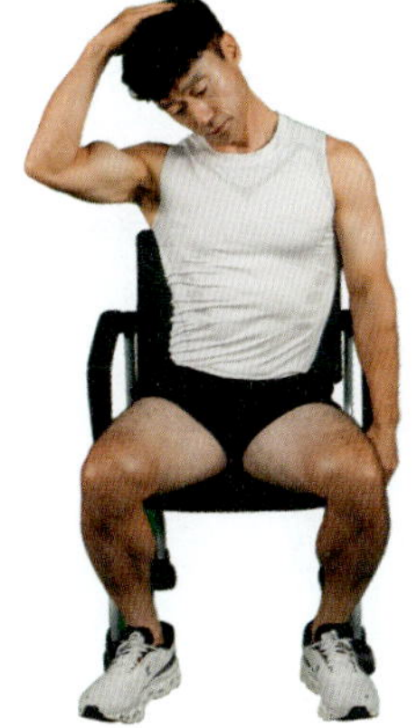

2. 목 굴곡 스트레칭(Neck flexion stretching)

 목 신전근의 긴장을 풀어준다.

1. 의자에 바르게 앉거나 선 자
   세에서 시작한다.

2. 가볍게 주먹을 쥔 손으로 턱
   을 받치고, 다른 손으로 후두
   부를 가볍게 당겨준다.

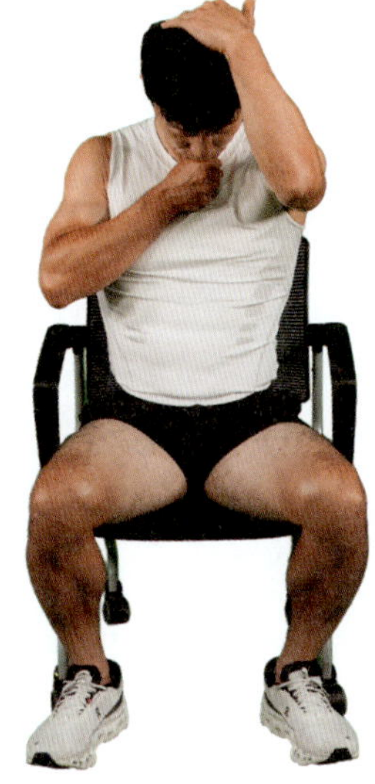

- 이 자세를 15~20초 유지한
  후 천천히 원래 자세로 돌아
  온다.

건강을 위한 최고의 선택

3. 목 신전 스트레칭(Neck extension stretching)

 거북목으로 일자목이 된 경추 만곡을 정상으로 교정한다.

1. 편안한 자세로 앉거나 선 자세에서 시작한다.

2. 양손의 네 손가락으로 극돌기 양옆을 45도 방향으로 밀어주며, 머리를 뒤로 천천히 젖힌다.

3. 흉추 1번 극돌기 양옆부터 경추 7번에서 4번까지 조금씩 올라가면서 5초간 총 5회 실시한다.

• 뒤로 젖힐 때 숨을 내쉰다.

4. 목 측굴 스트레칭(Neck side stretching)

 목 양옆 근육을 이완시켜 긴장을 완화한다.

1. 편안하게 앉거나 서서 오른손을 머리 위로 올려 왼쪽 측두부를 가볍게 누른다.

2. 고개를 오른쪽으로 천천히 기울이면서 왼쪽 목 근육을 스트레칭한다.

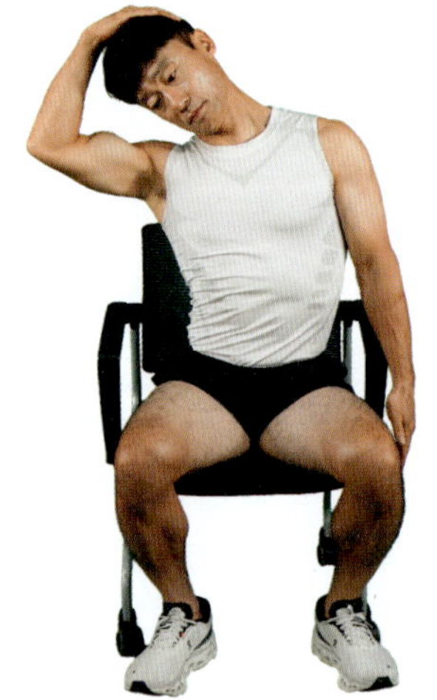

3. 왼손은 아래로 가볍게 내려주어, 왼쪽 견갑골을 안정되게 내려준다.

• 15~20초 유지한 후 반대쪽도 동일하게 진행한다.

5. 목 회전 스트레칭(Neck rotation stretching)

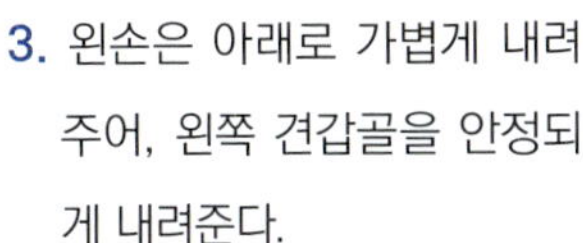 목을 부드럽게 회전시켜 목과 어깨 근육을 풀어준다.

1. 편안한 자세로 앉거나 서서 시작한다.

2. 고개를 오른쪽으로 부드럽게 끝 범위까지 돌리고, 오른손으로 귀 옆 왼쪽 볼을 가볍게 당긴다. 시선도 함께 뒤를 향한다.

3. 왼손은 아래로 가볍게 내려주어, 왼쪽 견갑골을 안정되게 내려준다.

• 15~20초 유지한 후 반대쪽도 동일하게 진행한다.

6. 흉쇄유돌근 스트레칭(SCM stretching)

효과 흉쇄유돌근과 앞쪽 근육들을 이완시켜 긴장을 완화한다.

1. 편안하게 앉거나 서서 오른 손을 쇄골에 대고, 고개를 대각선 세 방향으로 뒤로 젖혀 준다.

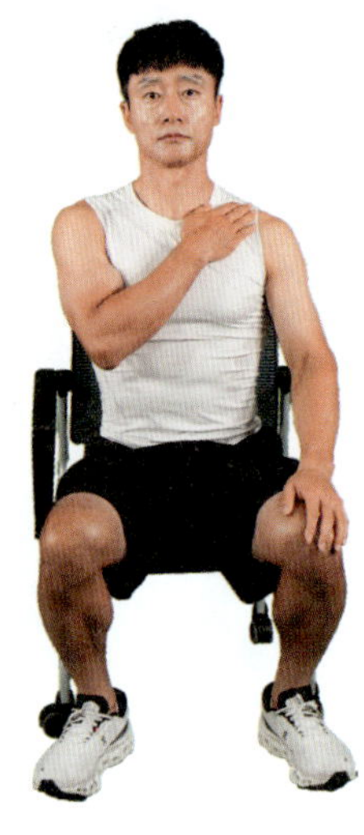

2. 각 세 방향으로 10초씩 유지한다.

• 반대쪽도 동일하게 진행한다.

7. 견갑거근 스트레칭(Levator scapula stretching)

 목과 어깨 사이의 견갑거근을 이완시켜 목의 긴장을 완화한다.

1. 오른쪽으로 고개를 회전하고, 오른손으로 후두부를 잡고 아래로 쭉 당겨준다.

2. 왼손은 위로 올려 견갑골을 상방회전 시키고, 위로 쭉 뻗어준다.

• 이 상태에서 15~20초 유지한 후 반대쪽도 동일하게 진행한다.

8. 등, 목 스트레칭(Thoracic cervical stretching)

효과 목은 등과 연결되어 있어서 동반 움직임으로 등과 목의 굴곡 신전 움직임을 개선하고 척추의 정렬을 바로잡는다.

1. 서서 양손을 뒤로 엉덩이에 깍지를 끼고 시작한다.

2. 양손을 아래로 서서히 내리면서 가슴 내밀어 양쪽 견갑골이 맞닿으면 고개를 뒤로 젖힌다. 이때 턱은 맨 마지막에 젖혀지도록 한다.

3. 고개를 가슴 쪽으로 숙이면서 손은 허리쪽으로 올라온다.

4. 각 5초간 유지한다.

5. 다른 방법으로 앉거나 서서 양팔을 앞으로 나란히 뻗으면서 고개 숙이고, 손바닥이 천장을 향하도록 하고, 팔꿈치가 90도가 되도록 뒤로 당기면서 견갑골이 맞닿도록 하고, 고개를 뒤로 젖힌다.

• 교대로 5회 반복한다.

9. 등척성 목 운동(Isometric neck exercise)

 목 근육을 강화해 목의 안정성을 높이고 통증을 예방한다.

1. 편안하게 앉은 자세에서 시
   작한다.

2. 손을 이마에 대고 머리를 앞
   으로 밀려고 하되, 머리로는
   손에 저항을 준다.

3. 10초간 유지한 후 긴장을 풀
   어준다.

4. 반대로 손을 뒤통수에 대고
   머리를 뒤로 밀면서 저항을
   준다.

5. 측굴도 가능하다.

• 각 방향으로 3회 반복한다.

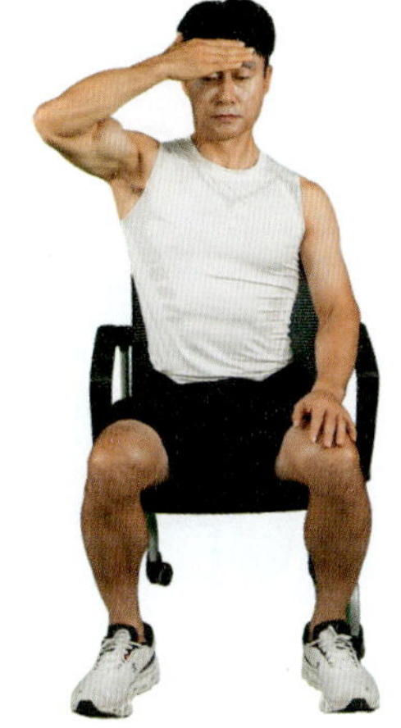

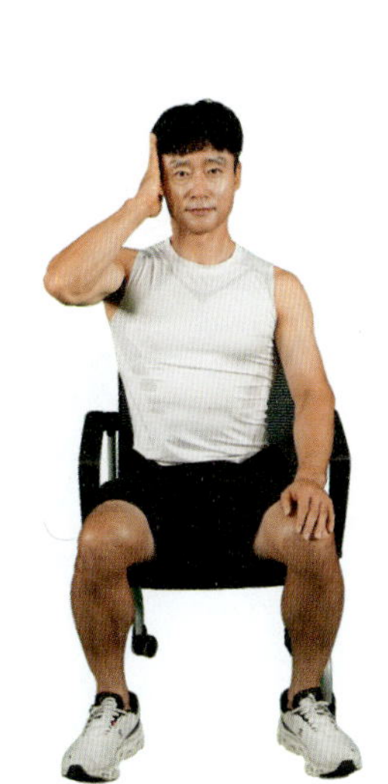

10. 체간 회전 운동(Trunk rotation exercise)

효과 몸통을 회전하여 목과 흉추의 회전 가동성을 개선한다.

1. 앉거나 선 자세에서 실시한
   다.

2. 팔꿈치를 구부리고 양팔을
   어깨 높이로 올린다.

3. 고개는 정면을 보고 몸통을
   좌우로 부드럽게 회전한다.

4. 시선, 고개, 몸통을 함께 회
   전한다.

5. 양팔을 앞으로 나란히 뻗고,
   한팔을 뒤로 돌리면서 시선
   고개 몸통을 함께 회전한다.
   교대로 진행한다. 네발 기기
   자세에서도 가능하다.

- 하체는 되도록 잡아주고 몸
  통 회전에 집중한다.

- 양쪽 교대로 10회씩 실시한
  다.

3

어깨 건강을 위한 운동 가이드

어깨 관절은 인체에서 가장 움직임이 많은 관절이다. 팔을 머리 위로 들어 올리고, 몸 뒤로 돌리고, 다양한 방향으로 자유롭게 움직일 수 있는 이유는 어깨가 공(ball)과 소켓(socket) 구조를 가진 관절이기 때문이다. 하지만 이러한 구조는 넓은 가동 범위를 제공하는 대신, 선천적으로 불안정한 관절이라는 치명적인 약점도 함께 가진다.

어깨의 안정성은 뼈 구조가 아니라 근육과 신경의 협응에 의해 유지된다. 특히 회전근개(rotator cuff)라 불리는 네 개의 작은 근육과 견갑골 안정근이 어깨 관절의 중심을 잡아주는 핵심 역할을 한다. 이 근육들이 약해지거나 불균형이 생기면, 어깨 관절은 쉽게 틀어지고 반복적인 미세 손상이 누적된다.

어깨 통증은 단순한 근육 피로로 시작되는 경우가 많지만, 이를 방치하면 회전근개 건염, 충돌 증후군, 석회성 건염, 오십견(유착성 관절낭염) 등으로 진행될 수 있다. 이러한 질환은 팔을 들어 올리기 어렵게 만들고, 야간 통증과 수면 장애를 유발하며, 장기적으로는 팔 사용 자체를 제한해 일상생활의 기능 저하로 이어진다.

특히 현대인은 장시간 스마트폰과 컴퓨터를 사용하면서 머리가 앞으로 빠지고, 어깨가 말리는 자세를 반복한다. 이로 인해 견갑골의 위치가 무너지고, 상완골이 앞쪽으로 밀리면서 어깨 관절 내 압박이 증가한다. 이러한 자세 불균형은 회전근개 손상의 가장 흔한 원인 중 하나로 보고되고 있다.

연구에 따르면, 단순한 스트레칭만으로는 어깨 통증을 근본적으로 해결하기 어렵고, 회전근개 강화 운동과 견갑골 안정화 운동을 병행할 때 통증 감소와 기능 회복 효과가 가장 크다. 또한, 어깨 운동은 통증이 심해진 이후보다, 증상이 가볍거나 불편함이 시작되는 초기 단계에서 시행할수록 예방 효과가 뛰어나다.

어깨는 '많이 움직일 수 있는 관절'이 아니라, 잘 지지받을 때 안전하게 움직일 수 있는 관절이다. 따라서 어깨 건강을 지키기 위해서는 무리한 가동성 훈련보다, 안정성과 정렬을 회복하는 운동이 우선되어야 한다. 어깨를 바르게 쓰는 힘을 되찾는 것이 곧 통증 없는 일상으로 돌아가는 가장 확실한 길이다.

1. 견갑골 모으기 운동(Scapular retraction exercise)

효과 중부 승모근과 능형근을 강화하여 어깨의 안정성을 높이고 바른 자세를 유지하는 데 도움을 준다.

1. 바르게 선 자세에서 양손의 손바닥이 앞을 보고 자연스럽게 몸 옆에 둔다.

2. 어깨를 귀에서 멀리 떨어뜨린 상태로 뒤쪽으로 당기며 가슴을 펴고 견갑골(어깨뼈)을 모아서 맞닿는 느낌으로 수축시킨다.

- 5초간 자세를 유지한 후 천천히 풀어준다.

- 10회 반복한다.

2. 어깨 굴곡 신전 운동(Shoulder flexion extension exercise)

효과 어깨 굴곡근과 신전근 강화 및 가동성을 향상시킨다.

1. 바르게 선 자세에서 양손의 손바닥이 앞을 보고 자연스럽게 몸 옆에 둔다.

2. 팔을 천천히 앞으로 들어 올리며 양쪽 귀 옆까지 올리고 2초간 유지한다. 이때 손바닥을 앞을 향한 상태에서 그대로 유지하고 끝까지 올린다.

3. 그대로 자연스럽게 내리고 뒤쪽으로 끝 범위까지 신전시키고 2초간 유지한다.

• 10회 반복한다.

3. 팔 올리기 운동(Arm raise exercise)

효과 어깨 근육(전부, 중부, 후부 삼각근)을 강화해 어깨를 넓고 안정적으로 만들어준다.

1. 다리를 어깨너비로 벌리고 양손에 덤벨이나 물병을 잡고 선 자세에서 시작한다.

2. 팔꿈치는 살짝 구부리고, 양 팔을 앞, 옆, 뒤 세 방향으로 천천히 어깨 높이까지 올린다.

3. 이 자세를 2초간 유지한 후 천천히 팔을 내린다.

• 세 방향으로 각각 15회 반복하고 2-3세트 진행한다.

4. 어깨 외회전 운동(Shoulder external rotation exercise)

효과 거북목과 둥근 어깨 변형을 교정 해주고, 어깨 관절의 회전근을
강화해 어깨 관절의 유연성을 높이고 부상을 예방한다.

1. 서거나 앉은 자세에서 팔꿈
   치를 90도로 굴곡하고, 손바
   닥이 하늘을 향하게 한다.

2. 새끼손가락이 살짝 부딪치는
   느낌으로 앞으로 스윙하고,
   엄지가 뒤쪽으로 찌르는 느
   낌으로, 가슴이 펴지고 견갑
   골이 가볍게 부딪치는 느낌
   으로 스윙한다.

• 횟수에 관계없이 수시로 해
  주면 좋다.

5. 블랙번 운동(Blackburn exercise), ATWY 운동

효과 거북목, 둥근 어깨, 굽은 등을 교정해 주고, 어깨 주변 근육을 강화한다.

1. 서서 엉덩이를 뒤로 살짝 빼고, 척추는 중립자세를 유지하고, 무릎은 살짝 구부린다. 상체를 30도 정도 숙인다.

2. 팔을 편 상태에서 엄지를 앞으로 하고 양팔을 알파벳 A 자 모양을 만들어주면서 팔을 뒤로 보내준다. 팔을 보내주면서 어깨가 앞으로 빠지지 않게 견갑골을 최대한 모아준다.

3. 엄지가 등 쪽으로 향하고 T 자 모양으로 양팔을 어깨 높이에서 뒤로 회전한다. 견갑골이 맞닿게 하고 T자를 잘 유지한다.

4. 팔꿈치를 90도 구부려 양팔을 W자 모양으로 만들어 견갑골을 맞닿게 스윙한다.

5. 팔을 펴서 엄지가 뒤쪽으로 향하게 하고 Y자 형태로 팔을 대각선 위로 스윙한다.

- 모든 동작에서 어깨가 으쓱하지 않게 주의한다.

- 4가지 동작을 각각 20회 실시한다.

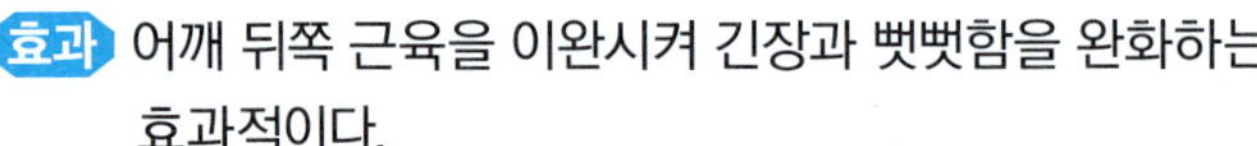

6. 어깨 후방 스트레칭(Posterior shoulder stretching)

효과 어깨 뒤쪽 근육을 이완시켜 긴장과 뻣뻣함을 완화하는 데
효과적이다.

1. 오른팔을 가슴 위로 교차시
   켜 왼팔로 팔꿈치 아래를 잡
   고 당긴다.

2. 당기는 동안 오른쪽 어깨 뒤
   쪽 근육이 늘어난다.

• 20초간 유지한 후 반대쪽도
  동일하게 진행한다.

7. 어깨 진자 운동(Pendulum exercise)

 어깨 관절의 가동 범위를 늘리고, 어깨 주변 근육의 긴장을
풀어준다.

1. 테이블이나 의자에 한 손을 얹고 몸을 살짝 앞으로 숙인다.

2. 반대쪽 팔을 편안하게 늘어뜨리고, 팔을 앞뒤로 천천히 흔든다.

3. 이후 팔을 앞뒤, 좌우, 시계방향, 반시계방향으로 스윙한다.

- 각 15회씩 진행하고, 반대쪽 팔도 동일하게 반복한다.

8. 어깨 전방 스트레칭(Anterior Shoulder Stretching)

 어깨 앞쪽 근육을 스트레칭하여, 어깨 통증을 예방하고, 유연성을
향상시킨다.

1. 문틀을 양손으로 잡고 팔을 어깨 높이로 들어올린다.

2. 한 발을 문 쪽으로 내밀고 상체를 앞으로 밀어 어깨 앞쪽이 당기는 느낌을 받는
   다. 130도, 90도, 45도 세 방향으로 진행한다.

- 20초간 유지한 후 천천히 돌아오고, 반대팔도 동일하게 진행한다.

※ 간단한 운동으로 QR코드와 사진이 없습니다.

4

팔꿈치와 손목 건강을 위한 운동 가이드

팔꿈치·손목 통증의 진짜 원인
– 그립과 손목 사용 습관이 관절을 망친다

팔꿈치와 손목 통증은 테니스, 배드민턴, 골프처럼 라켓이나 그립을 쥐고 하는 스포츠에서 특히 흔하게 발생한다. 그립을 쥔 상태에서 손목을 반복적으로 사용하면, 손목을 움직이는 신전근과 굴곡근이 과도하게 긴장하게 된다. 이 근육들은 팔꿈치의 외측상과(테니스 엘보)와 내측상과(골프 엘보)에 힘줄 형태로 붙어 있는데, 반복적인 부하가 가해지면 힘줄 미세 손상이 누적되고 염증으로 이어진다.

문제는 대부분의 손상이 '손목을 많이 써서'가 아니라 '그립을 세게 쥔 상태에서 손목을 움직이기 때문에' 발생한다는 점이다. 특히 초보자일수록 라켓을 놓칠까 봐 필요 이상으로 그립을 강하게 쥐는 경향이 있고, 이 상태에서 손목 스냅을 반복하면서 손상이 빠르게 진행된다. 이렇게 발생한 팔꿈치 통증은 회복까지 오랜 시간이 걸리고, 일상생활에서도 통증을 유발해 삶의 질을 크게 떨어뜨린다.

따라서 중요한 것은 다친 뒤 치료에 매달리는 것보다, 다치지 않게 사용하는 것이다.

그립을 쥐는 스포츠에서는 손에 과도한 힘을 주지 말고, 그립을 강하게 쥔 상태에서 손목을 꺾거나 비트는 동작을 피하는 것이 가장 중요하다. 이 원리는 스포츠뿐 아니라 일상생활에도 그대로 적용된다. 장시간 컴퓨터 마우스 사용, 키보드 타이핑, 스마트폰 사용 역시 손목과 팔꿈치 힘줄에 지속적인 부담을 준다. 따라서 손목 통증을 예방하려면, 작업 중간중간 손목 스트레칭과 가벼운 운동을 수시로 시행해 근육과 힘줄의 긴장을 풀어주는 습관이 반드시 필요하다.

건강을 위한 최고의 선택

1. 팔 굴곡 신전 운동(Arm flexion extension exercise) 1

효과 팔 전체의 굴곡과 신전을 통해 팔 근육 강화와 가동성을
증진한다.

1. 선 자세에서 팔을 자연스럽
   게 손바닥이 앞을 보도록 몸
   옆에 둔다.

2. 손가락, 손목, 팔꿈치, 어깨
   순으로 부드럽게 최대한 굴
   곡한다.

3. 굴곡 후 어깨, 팔꿈치, 손목,
   손가락 순으로 최대한 신전
   한다.

• 끝에서 5초간 유지하고 20
  회 반복한다.

2. 팔 굴곡 신전 운동(Arm flexion extension exercise) 2

효과 팔 전체의 굴곡과 신전을 통해 팔 근육 강화와 가동성을
증진한다.

1. 선 자세에서 왼팔은 어깨 높
   이로 쭉 뻗어 손바닥이 정면
   을 보도록 하고, 최대한 손목
   을 위로 올려 신전한다. 오른
   손 팔꿈치 관절은 90도 굴
   곡, 손목은 주먹을 쥐고 부드
   럽게 최대한 굴곡하여 골반
   옆에 둔다.

2. 굴곡 후 어깨, 팔꿈치, 손목,
   손가락 순으로 최대한 신전
   한다.

- 왼팔과 오른팔을 교대로 동
  작을 바꿔가면 반복한다.

- 끝에서 5초간 유지하고 20
  회 반복한다.

   건강을 위한 최고의 선택

3. 상완 이두근 운동(Biceps curl exercise)

효과 상완이두근을 강화하여 팔꿈치의 근력을 향상시킨다.

1. 양손에 가벼운 물병이나 덤
   벨을 잡고, 팔을 몸 옆에 자
   연스럽게 둔다.

2. 팔꿈치를 굽혀 천천히 들어
   올리며, 이두근을 수축한다.

3. 어깨 높이까지 올린 후 천천
   히 원래 위치로 내린다.

- 15회 반복하고 3세트 진행
  한다.

4. 상완 삼두근 운동(Triceps extension exercise)

 상완삼두근을 강화하여 팔꿈치 근력을 높인다.

1. 허리를 곧게 세우고 60도 정
   도 숙이고, 무릎은 살짝 구부
   린다.

2. 양손에 물병이나 덤벨을 잡
   고, 팔을 90도 굴곡한다.

3. 팔이 일직선이 될 때까지 팔
   꿈치를 펴준다.

- 15회 반복하고 3세트 진행
  한다.

5. 전완 회외 회내 운동(Forearm supination pronation exercise) 1

 전완의 회외, 회내 가동성을 증진한다.

1. 앉은 자세에서 팔꿈치 관절
   을 90도 굴곡하고 왼팔을 책
   상에 올려 놓는다.

2. 전완부를 중립 자세로 유지
   하고, 오른손을 왼손목에 올
   려 놓는다.

3. 오른손으로 왼손목을 안쪽
   바깥쪽으로 반복하여 끝 범
   위까지 회전한다.

- 교대로 왕복 30회 반복한다.

6. 전완 회외 회내 운동(Forearm supination pronation exercise) 2

효과 전완의 회외근과 회내근을 강화하고, 가동성을 증진한다.

1. 선 자세에서 팔꿈치 관절을
   90도 굴곡한다.

2. 전완부를 안쪽 바깥쪽으로
   끝 범위까지 회전한다.

• 끝 범위에서 1초 유지하고
   왕복 30회 반복한다.

7. 손목 굴곡 스트레칭(Wrist flexion stretching)

효과 손목 신전근을 이완시켜 손목의 유연성을 높여준다.

1. 팔을 앞으로 뻗고 손바닥이
   아래를 향한다.

2. 반대 손으로 잡고, 손목이 굴
   곡되게 아래로 천천히 당긴
   다.

3. 손목 신전근이 당기는 느낌
   이 들 때까지 당기고, 20초
   간 유지한다.

- 반대쪽도 동일하게 반복한
  다.

8. 손목 신전 스트레칭(Wrist extension stretching)

효과 손목 굴곡근을 이완시켜 손목 통증을 예방하고 유연성을
증가시킨다.

1. 팔을 앞으로 뻗고 손바닥이
   위를 향하도록 한 후, 반대
   손으로 잡고 아래로 당겨 최
   대한 신전시킨다.

2. 손목을 천천히 뒤로 젖히며,
   20초간 유지한다.

• 반대쪽도 동일하게 반복한
  다.

9. 손목 굴곡 운동(Wrist curl exercise)

효과 손목 굴곡 근력을 향상시킨다.

1. 손바닥을 위로 물병이나 덤벨을 잡고, 반대 손으로 손목 아래를 지지한다.

2. 손목을 천천히 들어 올리고, 다시 천천히 내린다.

- 15회 반복하고 3세트 진행한다.

10. 손목 신전 운동(Reverse wrist curl exercise)

 전완의 신전근을 강화해 근력을 높인다.

1. 손바닥을 아래로 물병이나
   덤벨을 잡고, 반대 손으로 손
   목 아래를 지지한다.

2. 손목을 천천히 들어 덤벨을
   올리고, 다시 천천히 내린다.

- 15회 반복하고 3세트 진행
  한다.

5

고관절 건강을 위한 운동 가이드

좌식 생활 습관과 운동 부족은 고관절의 유연성 감소와 근력 저하를 초래하며, 이는 허리와 무릎을 포함한 전신 움직임의 질을 떨어뜨린다. 고관절은 보행과 체중 전달의 중심 관절로, 기능이 저하될 경우 허리와 무릎이 이를 보상하면서 이차적인 통증과 기능 장애가 발생하기 쉽다. 이러한 상태를 방치하면 고관절 구축, 퇴행성 관절 변화, 보행 패턴 이상으로까지 이어질 수 있다.

최근 정형·스포츠 물리치료 분야의 연구에 따르면, 고관절 근력 강화와 가동성 운동을 병행한 중재 프로그램은 근육 불균형을 유의미하게 감소시키고, 고관절 통증과 기능 제한을 효과적으로 개선하는 것으로 보고되고 있다. 특히 중둔근과 심부 고관절 근육을 강화하는 운동은 골반 안정성을 높여 허리 통증과 무릎 통증을 동시에 감소시키는 데 중요한 역할을 한다.

《Journal of Orthopaedic & Sports Physical Therapy(JOSPT)》에 게재된 다수의 임상 연구들은, 6-8주간의 체계적인 고관절 강화 운동 프로그램이 통증 감소, 기능 회복, 그리고 보행 안정성 향상에 긍정적인 영향을 미친다고 보고한다. 이는 고관절 운동이 단지 해당 관절만을 위한 훈련이 아니라, 전신 관절 부담을 줄이는 핵심 전략임을 의미한다.

따라서 고관절 건강을 지키기 위해서는 스트레칭을 통한 가동성 회복과 함께, 중둔근·대둔근·심부 회전근을 포함한 근력 강화 운동을 병행하는 것이 필수적이다. 고관절이 안정되면, 허리와 무릎은 불필요한 보상에서 벗어나 보다 효율적인 움직임을 회복할 수 있다.

1. 앉은 자세 고관절 외회전 스트레칭(Sitting hip external rotation stretching)

효과 고관절의 외회전근을 스트레칭하여 고관절의 유연성을 향상시키고, 긴장을 풀어준다.

1. 앉은 자세에서 오른쪽 다리를 왼쪽 무릎 위에 올려 놓는다.

2. 오른 무릎이 올라가지 않도록 오른손으로 가볍게 누른다.

3. 왼팔은 앞으로 가볍게 뻗어준다.

4. 허리를 곧게 펴고 엉덩이를 아래로 밀면서 동시에 왼팔은 앞으로 밀어주며 스트레칭한다.

• 15초간 유지한 후 반대쪽 다리도 동일하게 진행한다.

2. 고관절 외·내회전 스트레칭(Hip external internal rotation stretching)

효과 고관절의 외회전, 내회전근을 스트레칭하여 고관절의 유연성을 향상시키고, 긴장을 풀어준다.

1. 누운 자세에서 양쪽 무릎을 구부리고 발바닥을 붙여 개구리 다리 모양으로 외회전 근육을 가벼운 바운스로 20회 실시한다.

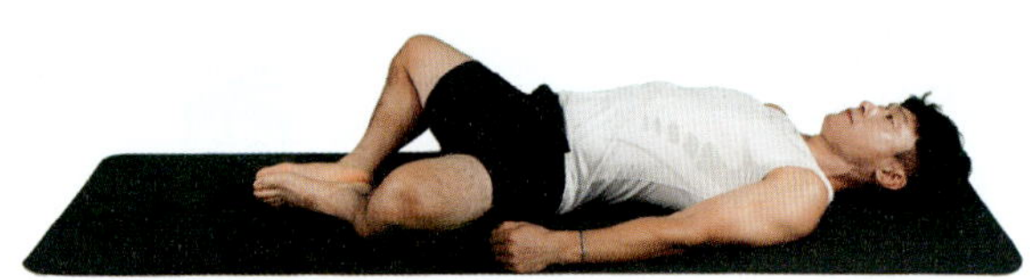

2. 한쪽 다리를 내측으로 돌려 내회전 시키고, 반대쪽 외측 뒤꿈치로 가볍게 눌러 스트레칭한다. 20초간 유지한 후 반대쪽 다리도 동일하게 진행한다.

3. 엉덩이 들기 운동(Hip bridge exercise)

효과 후면의 근육들을 강화하고, 고관절의 안정성과 허리 주위 코어
근육을 강화한다.

1. 바닥에 등을 대고 누워 무릎
   을 구부린 상태에서 발을 어
   깨너비로 벌리고 앞꿈치를
   들고 뒤꿈치를 바닥에 댄다.

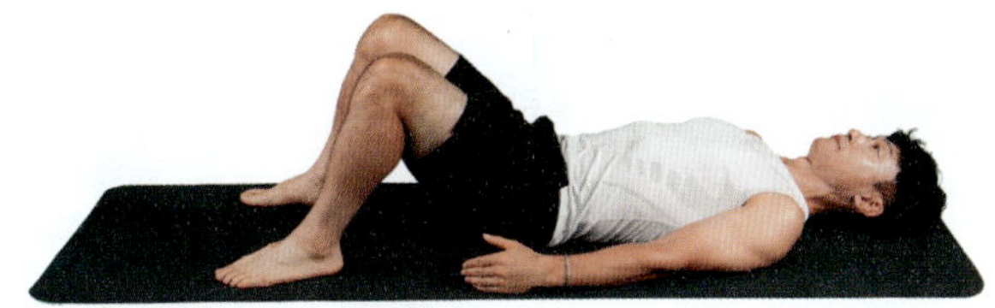

2. 천천히 엉덩이를 들어 올리
   며 어깨와 무릎이 일직선이
   되도록 한다.

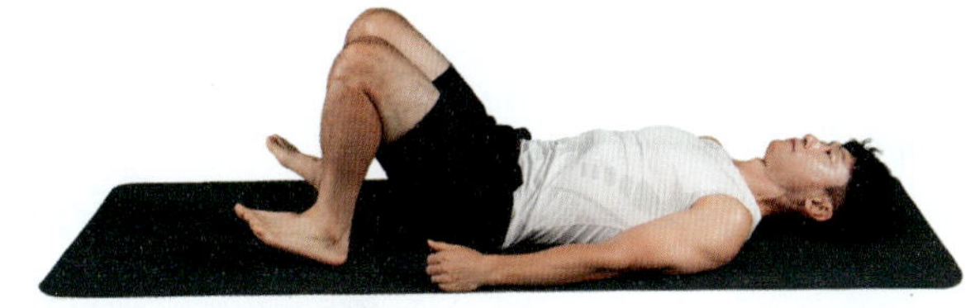

3. 엉덩이 근육과 뒷허벅지 근
   육을 수축한 상태로 5초간
   유지한 후 천천히 원래 자세
   로 돌아온다.

• 10회 반복하고 3세트 진행
  한다.

4. 엉덩이 들고 다리 뻗기 운동(Shoulder bridge with march exercise)

효과 고관절 주위 엉덩이 근육과 코어 근육을 동시에 강화하며,
균형과 안정성을 향상시킨다.

1. 누워서 엉덩이를 들어 올린
   상태로 시작한다.

2. 한쪽 다리를 들어서 고관절
   이 90도가 될 때까지 무릎을
   펴준다.

3. 5초간 유지한 후 내려오고
   반대쪽도 동일하게 진행한
   다.

• 좌우 각각 5회씩 반복한다.

5. 옆으로 누워 무릎 들기 운동(Clamshell exercise)

효과 고관절 외전 근육과 둔근을 강화하여 고관절의 안정성을 높이고 부상을 예방한다.

1. 옆으로 누운 상태에서 무릎을 구부리고 발을 모아둔다.

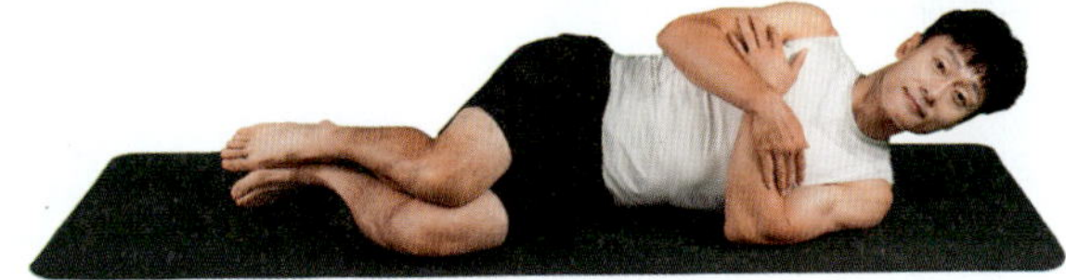

2. 허리를 고정한 채 위쪽 무릎을 천천히 들어 올리면서 발을 붙인 상태로 5초 유지한다.

3. 천천히 무릎을 다시 내리며 시작 자세로 돌아온다.

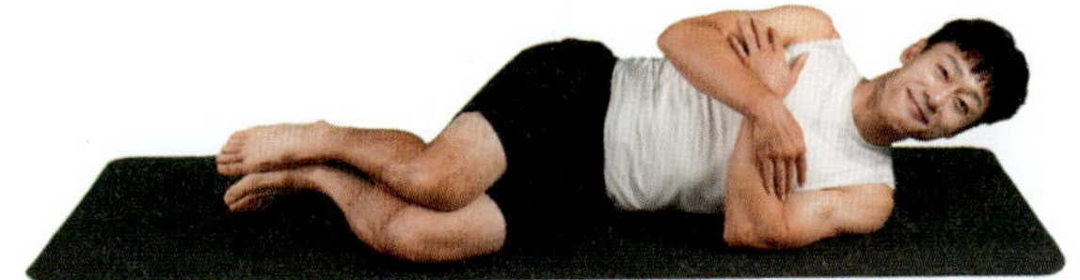

• 10회 반복하고, 반대쪽도 동일하게 진행한다.

6. 누워서 다리 들기 운동(Straight leg raise exercise)

효과 대퇴사두근과 고관절 굴곡근을 강화한다.

1. 바닥에 등을 대고 누워 한쪽
   무릎을 구부리고, 반대쪽 다
   리는 곧게 뻗는다.

2. 구부린 다리를 천천히 45도
   각도까지 들어 올린다.

3. 다리를 들어 올린 상태에서
   5초간 유지한 후 천천히 다
   리를 내린다.

• 10회 반복하고 반대쪽 다리
   도 동일하게 진행한다.

건강을 위한 최고의 선택

7. 옆으로 누워 다리 들기 운동(Side leg lift exercise)

 고관절 외전근을 강화한다.

1. 옆으로 누운 자세에서 한쪽 다리를 위로 들어 올린다.

2. 다리를 최대한 들어 올려 2 초 유지 후 천천히 원래 위치 로 내린다.

- 10회 반복하고 반대쪽도 동 일하게 진행한다.

8. 엎드려 다리 들기 운동(Hip extension exercise)

 대둔근을 강화한다.

1. 엎드린 자세에서 외회전하면
   서 한쪽 다리를 뒤로 쭉 펴서
   들어 올린다.

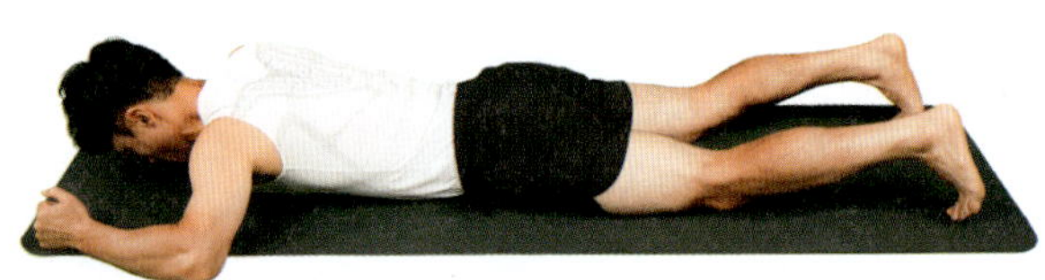

2. 다리를 올린 상태에서 둔근
   을 수축하며 2초간 유지한
   후 천천히 다리를 내린다.

• 15회 반복하고 반대쪽도 동
   일하게 진행한다.

    건강을 위한 최고의 선택

9. 네발기기 원 그리기 운동(Fire hydrant exercise)

효과 고관절 외전근과 신전근을 강화한다.

1. 네발기기 자세에서 시작한다.

2. 한쪽 다리를 옆으로 들어 올리며 고관절을 90도 외전, 신전 동작으로 원을 그린다.

3. 다리를 천천히 내리면서 원래 자세로 돌아온다.

- 15회 반복하고 반대쪽도 동일하게 진행한다.

10. 스쿼트 운동(Squat exercise)

 엉덩이, 허벅지 근육을 동시에 강화하여 하체 근력과 고관절
안정성을 높인다.

1. 발을 어깨너비 보다 약간 넓게 벌리고, 발은 15도 외전 시킨다.

2. 슬개골이 발 방향으로 무릎을 구부리며 엉덩이를 뒤로 빼고, 마치 의자에 앉는 듯한 자세를 취한다.

3. 손은 앉을 때 삼각형 모양을 만들어 주고, 설 때 차렷자세로 옆으로 온다.

4. 허리는 곧게 편 상태로 천천히 내려갔다가 다시 천천히 올라온다.

• 20회 반복하고 3세트 진행한다.

11. 런지 운동(Lunge exercise)

효과 허벅지, 엉덩이 근육을 강화하고 균형을 잡는 능력을
향상시킨다.

1. 발을 어깨너비로 벌리고 선
   자세에서 한쪽 발을 앞으로
   내딛는다.

2. 앞쪽 무릎을 90도 각도로 구
   부리고, 뒷다리도 무릎을 구
   부려 바닥에 가까워지도록
   한다.

3. 팔은 앞뒤로 팔꿈치를 90도
   유지한다.

4. 다시 일어서면서 원래 위치
   로 돌아온다.

• 좌우 번갈아가며 각각 20회
   반복한다.

6

무릎 건강을 위한 운동 가이드

무릎 관절은 걷기, 달리기, 앉고 일어서기 등 일상생활의 거의 모든 움직임에 관여하는 핵심 관절이다. 그러나 구조적으로 체중 부하를 직접 받는 관절이기 때문에, 과사용과 노화에 매우 취약하다. 관절연골 손상, 인대 손상, 반월상연골판 손상, 퇴행성 관절염 등 무릎 질환은 활동성을 제한하고 삶의 질을 크게 저하시킨다.

특히 현대인의 좌식 생활 습관은 대퇴사두근과 둔근의 약화를 초래하여 무릎 관절의 안정성을 떨어뜨린다. 이로 인해 보행이나 계단 오르내림과 같은 일상 동작에서도 관절 부담이 증가하고, 통증과 기능 저하로 이어질 가능성이 높아진다. 무릎 통증의 상당수는 관절 자체의 문제라기보다, 무릎을 지지하는 근육의 기능 저하와 움직임 패턴의 붕괴에서 비롯된다.

여러 임상 연구에 따르면, 무릎 주변 근육을 강화하고 관절 가동성을 유지하는 운동 프로그램은 연골에 가해지는 압력을 감소시키고, 관절 안정성을 향상시키며, 통증을 효과적으로 완화하는 것으로 보고되고 있다. 특히 대퇴사두근과 햄스트링, 그리고 고관절을 포함한 하지 근육의 균형 잡힌 강화는 무릎 관절 보호에 핵심적인 역할을 한다.

《Journal of Orthopaedic & Sports Physical Therapy(JOSPT)》와 《Arthritis Care & Research》 등에 게재된 연구들은, 6-12주간의 규칙적인 무릎 강화 운동이 통증 감소, 기능 개선, 보행 능력 향상에 유의미한 효과를 보였다고 보고한다. 이는 무릎 건강 관리의 핵심이 단순한 휴식이나 약물 치료가 아니라, 적절한 운동을 통한 능동적 관리임을 시사한다.

따라서 무릎 건강을 지키기 위해서는 통증이 생긴 이후의 치료에만 의존하기보다, 평소 무릎을 지지하는 근육을 강화하고 관절의 유연성과 정렬을 유지하는 운동을 꾸준히 실천하는 것이 중요하다. 준비된 무릎은 통증에 덜 흔들리고, 노화 속에서도 안정적인 움직임을 유지할 수 있다.

1. 대퇴 사두근 운동(Quad set exercise)

효과 대퇴사두근을 강화한다.

1. 다리를 뻗고 앉거나 누운 자
   세에서 시작한다.

2. 한쪽 무릎 아래에 수건이나
   작은 베개를 놓고, 무릎을 천
   천히 누르면서 허벅지 앞쪽
   근육을 수축한다.

3. 10초간 유지한 후 이완한다.

- 10회 반복하고, 반대쪽 다리
  도 동일하게 진행한다.

2. 누워서 다리 들기 운동(Straight leg raise exercise)

 대퇴사두근과 고관절 굴곡근을 강화한다.

1. 바닥에 등을 대고 누워 한쪽
   무릎을 구부리고, 반대쪽 다
   리는 곧게 뻗는다.

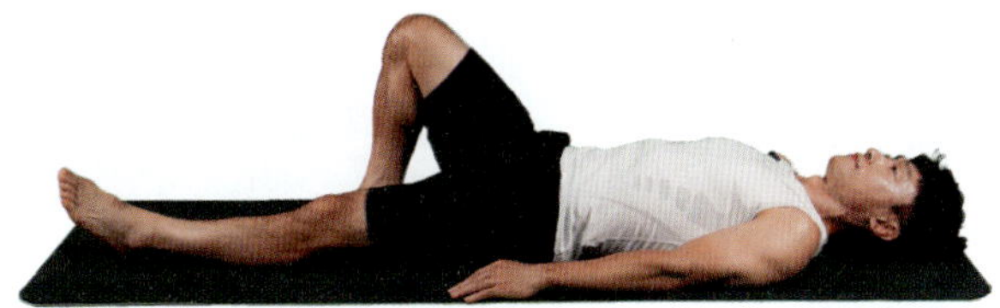

2. 구부린 다리를 천천히 45도
   각도까지 들어 올린다.

3. 다리를 들어 올린 상태에서
   5초간 유지한 후 천천히 다
   리를 내린다.

• 10회 반복하고 반대쪽 다리
   도 동일하게 진행한다.

3. 뒤꿈치 당기기 운동(Heel slide exercise)

효과 햄스트링 근육을 강화한다.

1. 바닥에 등을 대고 누운 상태
   에서 다리를 뻗는다.

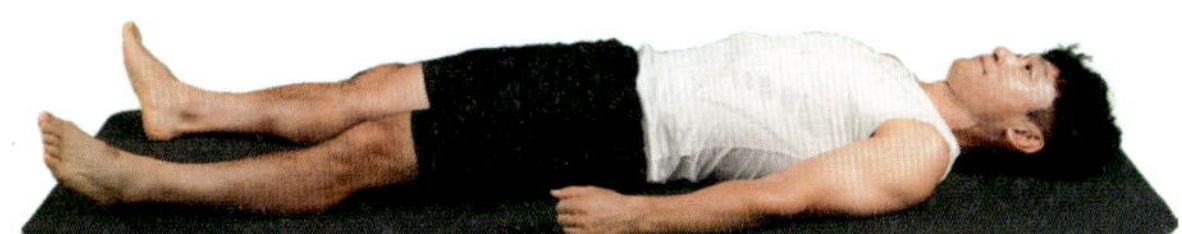

2. 한쪽 발 뒤꿈치를 천천히 바
   닥을 따라 미끄러뜨리며 무
   릎을 구부리고 2초간 유지한
   다.

3. 다시 천천히 다리를 펴며 시
   작 자세로 돌아온다.

• 10회 반복하고 반대쪽 다리
  도 동일하게 진행한다.

4. 엉덩이 들기 운동(Hip bridge exercise)

효과 후면 근육인 허리, 엉덩이, 햄스트링 근육을 강화한다.

1. 바닥에 등을 대고 누워 무릎을 구부린 상태에서 발을 어깨너비로 벌리고 앞꿈치를 들고 뒤꿈치를 바닥에 댄다.

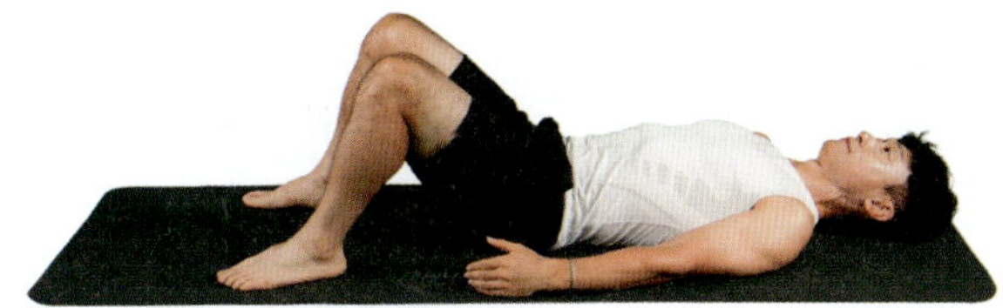

2. 엉덩이를 들어 올려 어깨, 엉덩이, 무릎이 일직선이 되도록 만든다.

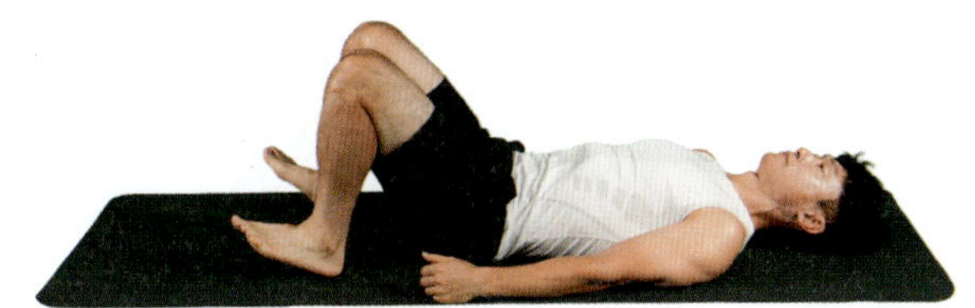

3. 엉덩이를 수축한 상태로 5초간 유지한 후 천천히 내린다.

- 10회 반복하고 3세트 진행한다.

5. 벽 스쿼트 운동(Wall squat exercise)

효과 대퇴사두근과 엉덩이 근육을 강화하여 무릎의 안정성과 근력을 높인다.

1. 벽에 등을 대고 서서 발을 어깨 너비로 벌린다.

2. 천천히 무릎을 구부리며 벽을 따라 내려간다. 무릎이 90도 각도까지 내려간다.

3. 5초간 유지한 후 천천히 올라온다.

- 10회 반복한다.

6. 뒤꿈치 들기 운동(Calf raise exercise)

효과 종아리 근육을 강화하여 무릎과 발목의 지지력을 높이고 균형을
향상시킨다.

1. 서 있는 자세에서 발을 어깨
   너비로 벌린다.

2. 발끝을 사용해 천천히 발뒤
   꿈치를 들어 올린다.

3. 2초간 유지한 후 천천히 발
   뒤꿈치를 내린다.

- 20회 반복하고 3세트 진행
  한다.

7. 옆으로 누워 다리 들기 운동(Side leg lift exercise)

효과 고관절 외전근을 강화하여 무릎의 측면 안정성을 높인다.

1. 옆으로 누운 자세에서 한쪽 다리를 위로 들어 올린다.

2. 다리를 최대한 들어 올려 2초 유지 후 천천히 원래 위치로 내린다.

- 10회 반복하고 반대쪽도 동일하게 진행한다.

8. 런지 운동(Lunge exercise)

효과 대퇴사두근, 햄스트링, 엉덩이 근육을 강화하여 무릎을
지지하고 하체 근력을 높인다.

1. 한쪽 다리를 앞으로 내딛고,
   무릎을 구부려 허벅지가 바
   닥과 평행이 되도록 한다.

2. 뒤에 있는 무릎도 바닥에 가
   깝게 내려가도록 구부린다.

3. 팔은 뛰는 동작으로 앞뒤로
   팔꿈치를 90도 유지한다.

4. 다시 일어서면서 원래 자세
   로 돌아온다.

• 양쪽 다리 번갈아가며 20회
  반복하고 2세트 진행한다.

9. 스텝 업 운동(Step up exercise)

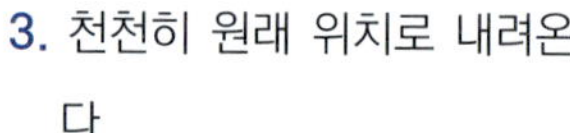 하체 근육을 강화하여 무릎의 안정성을 높인다.

1. 스텝 박스나 계단 앞에 선다.

2. 한쪽 발을 위에 올리고, 다른
   발도 따라 올라가며 무릎을
   펴준다.

3. 천천히 원래 위치로 내려온
   다.

• 번갈아가며 20회 반복한다.

건강을 위한 최고의 선택

10. 서서 무릎 구부리기 운동(Hamstring curl exercise)

효과 햄스트링을 강화하여 무릎 뒤쪽의 지지력을 높인다.

1. 똑바로 선 상태에서 한쪽 다리를 뒤로 구부려 발끝이 엉덩이에 가까워지도록 한다.

2. 다리를 들어 올린 상태에서 2초간 유지한 후 천천히 원래 위치로 내립니다.

- 15회 반복하고 반대쪽 다리도 동일하게 진행한다.

7

발목 건강을 위한 운동 가이드

발목 관절은 인체의 가장 아래에서 체중을 지탱하며, 보행과 균형 조절의 출발점이 되는 핵심 관절이다. 발목은 단순히 발을 움직이는 관절이 아니라, 지면과 신체를 연결하는 최초의 충격 흡수 장치이자 균형 감각의 중심축이다. 이 기능이 약해지면, 그 영향은 발목에 국한되지 않고 무릎, 고관절, 허리까지 연쇄적으로 전달된다.

최근 좌식 생활 습관과 운동 부족으로 인해 발목의 가동성(mobility)과 안정성(stability)이 동시에 저하되는 사례가 증가하고 있다. 발목 관절이 굳거나 불안정해지면, 보행 시 충격을 제대로 흡수하지 못하고 지면 반력이 상위 관절로 그대로 전달된다. 이로 인해 발목 염좌, 만성 발목 불안정성(Chronic Ankle Instability), 아킬레스건염과 같은 국소적 문제뿐 아니라, 무릎 통증과 허리 통증의 위험까지 높아진다.

특히 발목 염좌 이후 적절한 재활 없이 일상으로 복귀할 경우, 관절 위치 감각 (Proprioception)과 균형 조절 능력이 저하되어 반복적인 재손상이 발생하기 쉽다. 연구에 따르면 발목 염좌 경험자의 약 30-40%는 만성 발목 불안정성으로 진행되며, 이는 보행 패턴 변화와 하지 정렬 붕괴의 주요 원인이 된다.

다수의 스포츠의학 및 재활 연구에서는 발목 주변 근력 강화, 가동성 회복, 균형 훈련을 포함한 운동 프로그램이 발목 부상 재발률을 유의하게 감소시키고, 보행 안정성과 기능적 움직임을 향상시키는 것으로 보고하고 있다. 특히 종아리 근육, 발목 주변 소근육, 그리고 고유수용성 감각을 함께 훈련하는 것이 발목 건강 유지에 핵심적이다.

발목은 몸의 가장 아래에 위치하지만, 그 영향력은 전신에 미친다. 발목이 안정되면 걸음이 안정되고, 걸음이 안정되면 무릎과 허리의 부담이 줄어든다. 따라서 발목 건강을 위한 운동은 선택이 아니라, 전신 건강을 위한 필수 조건이다. 작은 관절 하나를 지키는 일이 결국 몸 전체를 지키는 시작이 된다.

1. 발목 운동(Ankle exercise)

효과 발목 가동성 증가와 발목 주위 근육을 강화한다.

1. 바닥에 앉거나 누워서 실시
   한다.

2. 발끝을 위 아래, 내측 외측,
   시계방향 반시계방향 돌리기
   6개 동작을 실시한다.

- 5회 반복한다.

2. 수건 발가락 당기기 스트레칭(Towel stretching)

효과 발바닥과 종아리 근육을 늘려준다.

1. 바닥에 앉아 다리를 쭉 뻗고,
   발바닥에 수건을 걸친다.

2. 수건 양 끝을 손으로 잡고 발
   끝을 몸 쪽으로 당긴다.

- 20초간 유지한다.

3. 발가락으로 수건 잡기 운동(Towel grab exercise)

효과 발바닥과 발목 근육을 강화하고, 발목의 안정성을 높인다.

1. 발바닥 앞에 작은 수건을 놓는다.

2. 발가락을 사용해 수건을 움켜쥐고 들어 올렸다가 놓는 동작을 반복한다.

• 10회 반복하고, 반대쪽도 동일하게 진행한다.

4. 뒤꿈치 들기 운동(Calf raise exercise)

효과 종아리 근육을 강화한다.

1. 바르게 선 자세에서 발을 어 깨 너비로 벌린다.

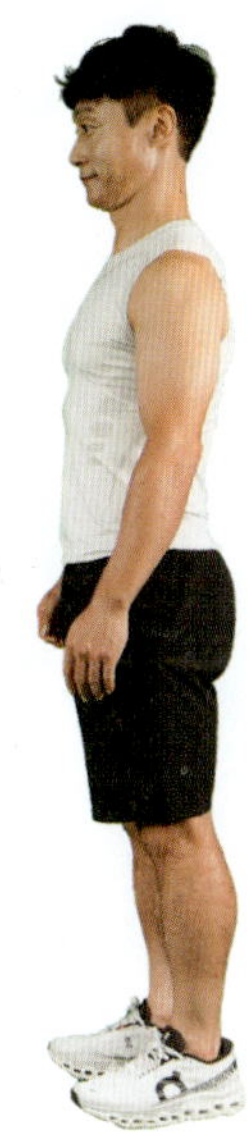

2. 발끝을 사용해 천천히 발뒤 꿈치를 들어 올린다.

3. 2초간 유지한 후 천천히 내 려온다.

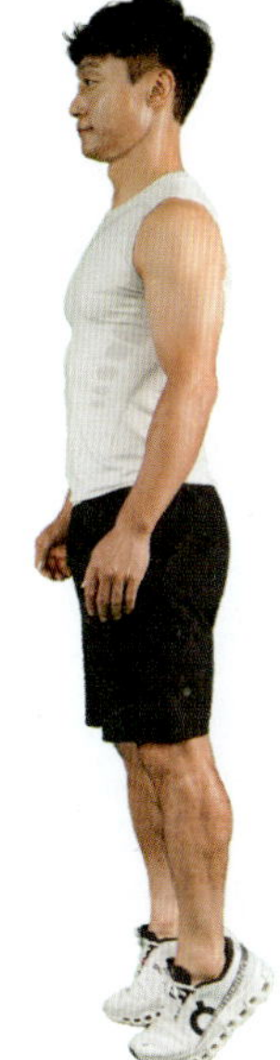

- 20회 반복하고 3세트 진행 한다.

5. 뒤꿈치 걷기 운동(Heel walking exercise)

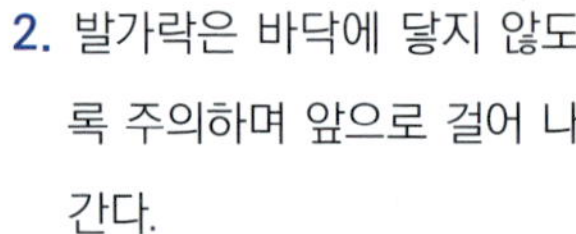 발목과 종아리 근육을 강화하여 발목의 안정성을 높이고, 균형
감각을 향상시킨다.

1. 똑바로 선 상태에서 발뒤꿈
치로만 걷기 시작한다.

2. 발가락은 바닥에 닿지 않도
록 주의하며 앞으로 걸어 나
간다.

- 30초간 진행한 후 1분 쉬고,
3세트 반복한다.

건강을 위한 최고의 선택

6. 앞꿈치 걷기 운동(Toe walking exercise)

효과 종아리 근육을 강화하고 발목의 안정성과 균형 감각을
향상시킨다.

1. 발끝을 사용해 똑바로 선 상
   태에서 발끝으로 걷는다.

2. 발뒤꿈치는 바닥에 닿지 않
   도록 주의하며 앞으로 걸어
   나간다.

• 30초간 진행한 후 1분 쉬고,
  3세트 반복한다.

7. 한발로 균형 잡기 운동(Single leg balance exercise)

효과 발목의 안정성과 균형 감각을 향상시킨다.

1. 똑바로 선 상태에서 한쪽 발을 들어 한 발로 서 있는 자세를 유지한다.

2. 30초간 균형을 유지한 후 반대쪽 다리도 동일하게 진행한다.

- 3세트 반복한다.

건강을 위한 최고의 선택

8. 플랭크 어깨 탭 운동(Shoulder tap plank exercise)

효과 코어와 발목의 균형 능력을 강화하여 발목과 다리의 안정성을 높이고, 몸 전체의 균형을 향상시킨다.

1. 플랭크 자세에서 시작한다. 발은 어깨 너비로 벌리고, 손바닥을 바닥에 대고 몸을 똑바로 유지한다.

2. 한 손으로 반대쪽 어깨를 터치하며 몸의 균형을 유지한다.

- 좌우 교대로 15회 반복하고 1분 쉬고, 3세트 진행한다.

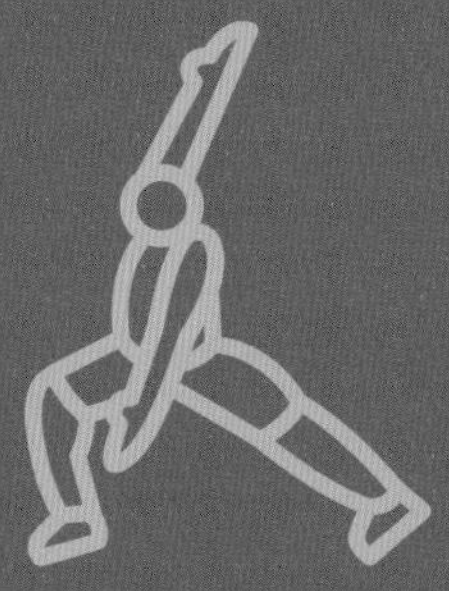

Part 9

생활 운동 가이드

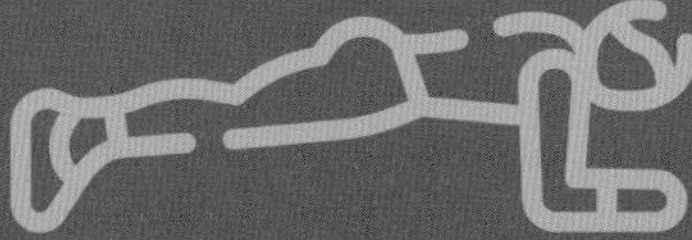

"운동은 시간이 날 때 하는 것이 아니다."

— 에드워드 스탠리

1

하루 시작과 함께하는 동안 얼굴 가이드

아침에 눈을 뜨기 전, 침대에 누운 채로 "오늘도 멋진 하루가 시작되었구나! 기분 좋게 웃으며 즐겁고 행복한 하루를 보내자." 이렇게 생각하며 미소를 짓는다. 이때 입꼬리가 올라가면서 긍정적인 신호가 귀밑을 거쳐 뇌로 전달되고, 자연스럽게 전신에 행복 에너지가 퍼진다. 과학적으로도 웃음은 스트레스를 줄이고 면역력을 높이며, 긍정적인 감정을 증폭시키는 효과가 있다. 미소는 나뿐만 아니라 주변 사람들에게도 긍정적인 영향을 준다.

얼굴에는 43개의 근육이 있으며, 표정을 지을 때 다양한 근육이 조화롭게 움직인다. 특히 웃을 때는 약 17개의 근육이 사용되며, 찌푸리는 것보다 더 많은 근육이 활성화된다. 따라서 자연스러운 미소와 웃음은 얼굴 근육의 운동이자 건강한 혈액순환을 돕는 방법이기도 하다. 그러나 스트레스나 피로가 쌓이면

건강을 위한 최고의 선택

얼굴 근육이 경직되고, 주름이 생기거나 혈액순환이 원활하지 않아 노화가 촉진될 수 있다. 이를 예방하기 위해서는 얼굴과 머리 마사지가 효과적이다. 이제, 건강하고 활력 넘치는 하루를 위한 마사지와 운동법을 배워보자.

얼굴 마사지

안륜근 마사지 – 눈 아래 안와골과 눈 위의 안와골을 따라 적당한 압력으로 눌러 5회씩 반복한다. 눈 주위의 근육을 부드럽게 눌러 피로를 해소하고 다크서클을 완화한다.

협근 마사지 – 엄지로 코옆 광대뼈에서 귀옆까지 아래에서 위쪽으로 눌러 마사지한다. 광대 주변의 근육을 풀어 웃을 때 자연스러운 표정을 만든다.

저작근 마사지 – 네 손가락을 가볍게 쥐고 위에서 아래로, 아래에서 위로 마사지하고, 원을 그리듯이 전체 저작근을 풀어준다. 턱 근육의 긴장을 완화하여 이갈이나 턱관절 장애를 예방한다.

구륜근 마사지 – 입 주위를 네 손가락 끝으로 마사지한다. 입 주변의 근육을 부드럽게 자극해 입술 탄력을 높인다.

턱 아래 마사지 – 엄지로 턱선을 따라 마사지한다. 턱선과 목 주변의 근육을 자극하여 이중턱을 예방한다.

머리 마사지

머리 마사지는 두피의 혈액순환을 촉진하고 두통을 완화하며, 집중력을 높이는 효과가 있다.

전두부 마사지 – 이마를 부드럽게 문질러 긴장을 풀고 눈의 피로를 해소한다.

측두부 마사지 – 관자놀이 주변을 마사지하여 스트레스를 완화한다.

두정부 마사지 – 정수리를 눌러 두피의 혈액순환을 원활하게 한다.

후두부 마사지 – 목 뒤쪽을 눌러 긴장을 해소하고 숙면을 돕는다.

머리카락 당기기 마사지 – 머리카락을 가볍게 잡고 당겨 두피의 혈류를 개선한다.

얼굴 근육 운동

얼굴 근육 운동은 표정 근육을 강화하고 노화를 예방하는 데 도움이 된다.

눈썹 올리기 – 검지와 중지를 눈썹 위에 올려 가볍게 저항을 주며 위아래로 10회 반복한다.

협근 운동 – 볼을 살짝 들어 올린 상태에서 광대뼈를 손으로 가볍게 눌러 입을 크게 벌렸다 닫는다. 10회 반복한다. 동시에 눈도 크게 뜬다.

볼 빨기 운동 – 볼을 최대한 안으로 빨아들인 후, 고개를 뒤로 젖혀 턱을 올린다. 10회 반복한다.

공기 넣어 복어 입 만들기 – 입을 다물고 한쪽 볼이 최대한 부풀 때까지 밀고, 번갈아 가며 왕복 5회 진행하고, 양쪽을 동시에 부풀게 5초 유지하고 풀기를 5회 반복한다. 양손을 모아 기도하듯이 하고 검지를 입술 중앙에 대고 하면 더 효과적이다.

턱 아래근 올리기 - 입을 오무린 상태에서 입술이 코에 닿게 위로 올리기와 입꼬리를 양쪽으로 벌린 상태에서 위로 올리기를 10회 반복한다.

아침에 눈을 뜨면 좋은 생각과 긍정적인 마음으로 환한 미소와 함께 하루를 시작하자. 얼굴과 머리 마사지, 얼굴 근육 운동으로 젊고 예쁜 얼굴을 평생 유지하자.

2

눈 피로 회복을 위한 운동 가이드

눈은 우리가 세상을 인식하는 가장 중요한 감각 기관 중 하나이며, 건강한 시력을 유지하기 위해서는 꾸준한 관리가 필수적이다. 장시간 화면을 바라보면 눈의 근육이 긴장하고, 초점을 조절하는 능력이 저하되어 시력 저하와 안구 건조증 등의 문제가 발생할 수 있다. 특히, 눈을 움직이는 근육(외안근)과 초점을 맞추는 근육(내안근)이 약화되면, 피로가 누적되고 시력이 더욱 나빠질 수 있다. 그러나 다행히도, 눈을 위한 간단한 운동을 꾸준히 실천하면 눈의 피로를 줄이고 시력 보호에 도움을 줄 수 있다. 최근 연구에 따르면, 규칙적인 눈 운동이 근시 진행 속도를 늦추고, 눈의 조절력을 향상시키는 데 도움이 될 수 있다는 보고도 있다. 다만, 눈 운동이 근본적인 시력 회복을 보장하는 것은 아니므로, 정기적인 안과 검진과 함께 병행하는 것이 가장 효과적이다.

눈의 주요 근육과 기능

외안근(Extraocular muscles) - 안구 움직임 조절

상직근(Superior rectus) – 눈을 위로 움직이는 근육

하직근(Inferior rectus) – 눈을 아래로 움직이는 근육

내직근(Medial rectus) – 눈을 안쪽(코 방향)으로 움직이는 근육

외직근(Lateral rectus) – 눈을 바깥쪽(귀 방향)으로 움직이는 근육

상사근(Superior oblique) – 눈을 아래쪽과 약간 바깥쪽으로 회전시키는 근육

하사근(Inferior oblique) – 눈을 위쪽과 약간 바깥쪽으로 회전시키는 근육

내안근(Intraocular muscles) - 초점과 동공 조절

모양체근(Ciliary muscle) – 수정체의 두께를 조절하여 초점을 맞추는 역할

동공 조임근(Sphincter pupillae) – 동공을 수축하여 빛의 양을 조절하는 근육

동공 확장근(Dilator pupillae) – 동공을 확장하여 빛을 더 많이 받아들이는 근육

이러한 근육들은 눈의 움직임과 초점 조절에 중요한 역할을 하므로, 꾸준한 운동을 통해 기능을 유지하고 강화하는 것이 필요하다.

외안근은 안구의 다양한 움직임을 담당하므로, 그 움직임을 개선하는 운동이 반드시 필요하다.

눈 굴리기 운동

1. 눈을 최대한 위로 들어 올린다.

2. 눈을 시계 방향으로 천천히 굴리면서 완전한 원을 그린다.

3. 반대 방향으로도 같은 동작을 반복한다.

4. 각 방향으로 5회씩 반복한다.

숫자 8 그리기

1. 머리는 움직이지 않고 눈으로만 가로로 누운 숫자 8을 그린다.

2. 반대 방향으로도 5회 반복한다.

이 운동들의 효과로는 상직근, 하직근, 내직근, 외직근, 상사근, 하사근을 고루 강화하는 것이다.

1. 정면을 본 상태에서 눈동자를 좌우로 최대한 멀리 이동한다.

2. 좌우로 각 5초간 유지하고 5회 반복한다.

이 운동은 내직근과 외직근을 집중적으로 운동한다.

상하 보기 운동

1. 정면을 본 상태에서 눈을 위로 올린 후, 아래로 내린다.

2. 각 5초씩 유지하고 위아래로 5회씩 반복한다.

이 운동은 상직근과 하직근에 효과적인 운동이다.

내안근을 위한 운동

초점 변경 운동(모양체근 강화)

1. 엄지손가락을 눈앞 15cm 정도 거리에 두고 10초간 집중하여 응시한다.

2. 이후 3~6미터 떨어진 먼 곳의 물체를 10초간 응시한다.

3. 이 과정을 5회 반복한다.

동공 반응 운동

1. 밝은 곳에서 어두운 곳으로 이동하여 눈이 적응하는 과정을 경험한다.

2. 눈을 감았다가 뜨는 동작을 반복하여 동공의 움직임을 촉진한다.

눈 피로 완화를 위한 생활 습관

20-20-20 규칙 지키기

- 20분 동안 화면을 보았다면, 20초 동안 20피트(약 6m) 정도 떨어진 곳을 응시한다.

눈 깜빡이기

- 의식적으로 2~3초마다 눈을 깜빡여 건조함을 예방한다.

손바닥 마사지

- 두 손바닥을 비벼 따뜻하게 만든 후, 눈을 감고 손바닥을 눈 위에 올려 1분간 유지하며 휴식을 취한다.

3

의자 생활자의 필수 운동법, Sitraining 가이드

"앉아 있는 것은 새로운 종류의 흡연이다."할 정도로 우리 몸은 여러 자세 중 앉아 있을 때 손상이 많다. 앉아 있는 자세를 자세히 살펴보면, 등이 굽으면서 허리와 목의 디스크 손상을 유발하고, 어깨가 말리는 둥근 어깨 변형으로 어깨 질환에 노출된다. 또한, 고관절과 무릎관절의 접힘으로 인해 혈액순환과 림프 순환이 저해되며, 전신 관절의 경직과 근 감소에 많은 영향을 준다. 특히 구부 정한 앉는 자세는 심폐계, 위장관계, 비뇨생식계 등을 압박하여 인체의 순환과 대사활동에도 좋지 않다.

오래 앉아 있는 것을 피할 수 없다면, 최대한 바르게 앉도록 하고, 30분에 한 번씩은 앉아서라도 운동해 주거나, 잠깐이라도 일어나서 운동하고 앉는 습관이 중요하다.

먼저 바르게 앉기 위한 이상적인 코어 세팅 자세인 '치가턱 자세'를 다시 한번 설명한다. 깊은 코어 근육 중에 골반기저근을 긴장시켜 치골을 가볍게 끌어당기고, 가슴을 가볍게 펴고, 양어깨는 올라가지 않게 내려 주고, 턱은 얼굴이 일직선이 될 정도까지만 당겨서 마치 앉은 상태에서 머리카락을 끌어당기는 느낌 또는 앉은키를 크게 하는 느낌에 중립 자세로 앉는 것이 가장 좋다. 대신 최소한의 힘으로 이 자세를 유지하는 것이 매우 중요하다. 아무리 좋은 자세도 한 자세로 오래 있는 것보다는 움직여 줘야 한다.

저자가 만든 앉아서 하는 최고의 운동인 'Sitraining'을 소개한다.

 건강을 위한 최고의 선택

1. 몸통 회전 운동

1. 앉아서 양손으로 팔걸이를
   잡고 부드럽게 몸통을 회전
   한다.

2. 팔걸이가 없으면 양손을 엉
   덩이 쪽에 대고 교대로 5초
   유지한다.

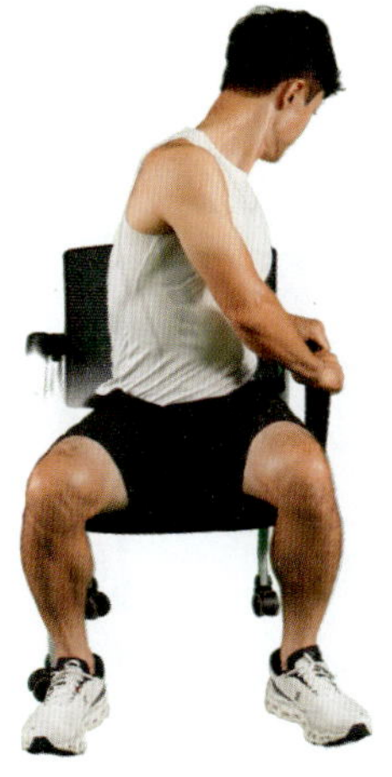

2. 몸통 측방 굴곡 운동

— 한손은 머리에 대고, 반대손
  은 골반에 대고, 옆으로 굴곡
  하며 5초 유지한다.

3. 뒷목 잡고 머리 뒤로 젖히기

— 먼저 가슴을 펴고, 가장 돌
  출되어 있는 경추 7번 양옆
  을 네 손가락으로 약 45도
  방향으로 누르고 고개를 뒤
  로 젖혀 5초 유지한다. 5회
  반복한다. 거북목 방지 운동
  이다.

4. 양손 벌려 견갑골 붙이고 머리 뒤로 신전하기

— 가슴을 펴고 양손을 벌려 흉
   추를 먼저 신전하고 고개를
   젖혀 목을 신전한다. 거북목
   방지 운동이다.

5. 허리 굴곡근, 신전근 운동

— 무릎 90도 상태로 양다리를
  들고 양손으로 대퇴사두근
  누르고 5초 저항, 반대로 뒤
  꿈치 들면서 뒤 허벅지로 의
  자를 눌러 척추를 곧게 세워
  위로 올리고, 5초 유지한다.
  교대로 3회 반복한다.

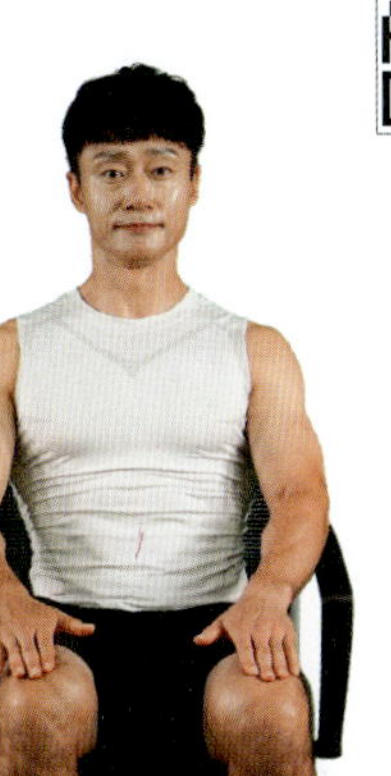
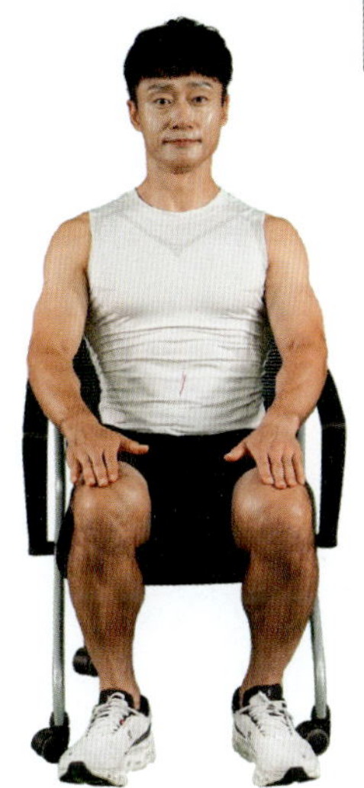

6. 고관절 외전근, 내전근 운동

— 양손으로 무릎 외측에 외전
  저항 주고 5초, 무릎 내측 내
  전 저항 주고 5초 유지를 교
  대로 3회 반복한다.

7. 대퇴사두근 운동

— 한발씩 교대로 무릎 펴고 10
  초, 구부리고 10초를 각각 3
  회 반복한다.

8. 발목 운동

— 한쪽 다리를 들고 뻗은 상태
　에서 발목을 저측-배측굴곡,
　내번-외번, 시계방향 돌리
　기, 반시계방향 돌리기 운동
　을 교대로 3회 반복한다.

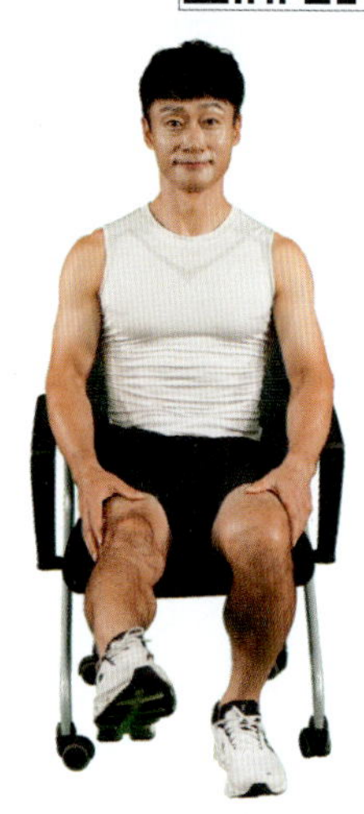

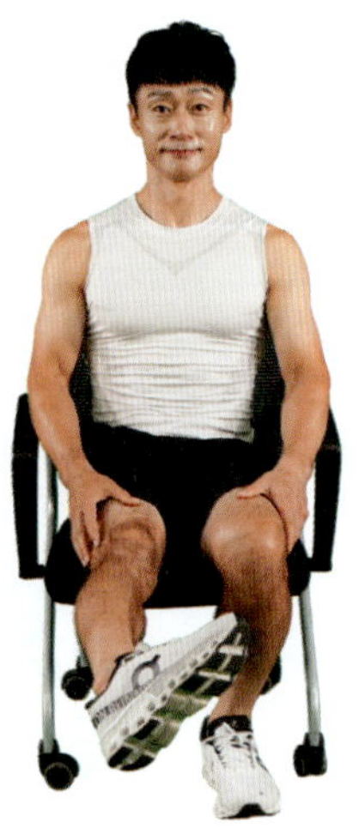
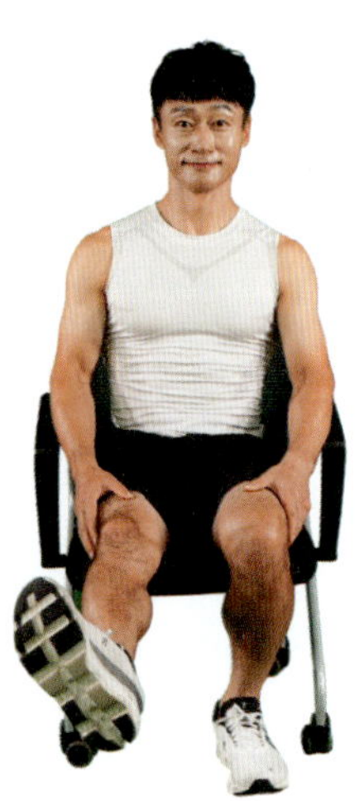

9. 발목 세방향 들기 운동

— 저측굴곡, 배측굴곡 동작을
  안쪽, 중간, 바깥쪽 세 방향
  으로 들어준다. 교대로 5회
  반복한다.

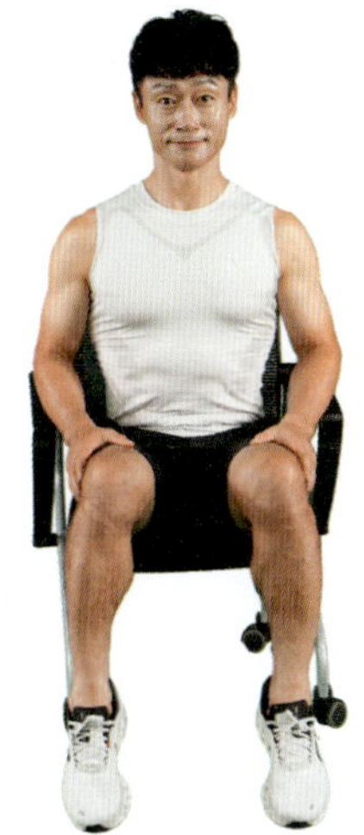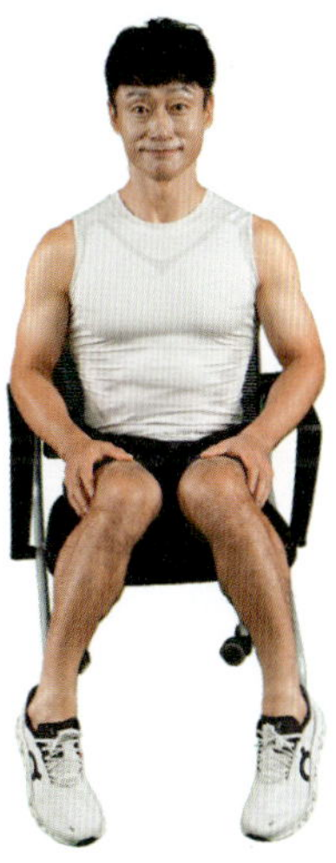

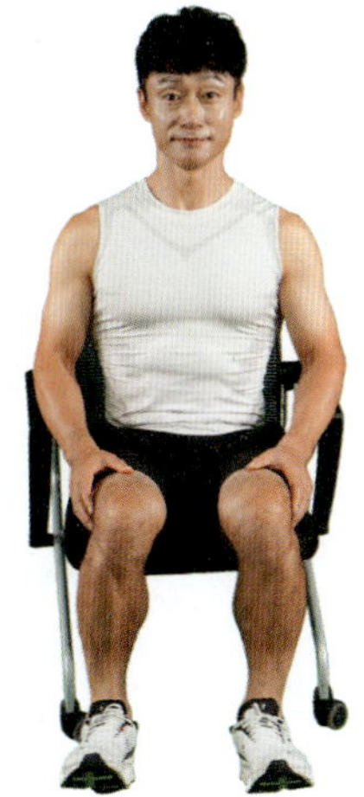

10. 발가락 굴곡, 신전 운동

— 발가락으로 신발 바닥을 긁
  어 구부리고 5초 유지, 발가
  락을 신전하여 신발 윗부분
  을 밀어내는 느낌으로 5초
  유지한다. 교대로 5회 반복
  한다.

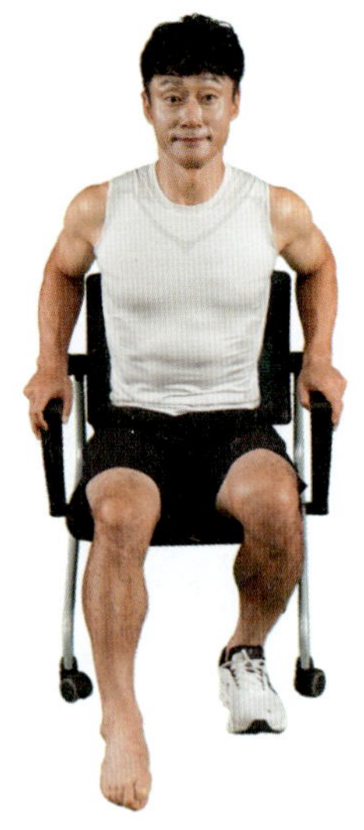

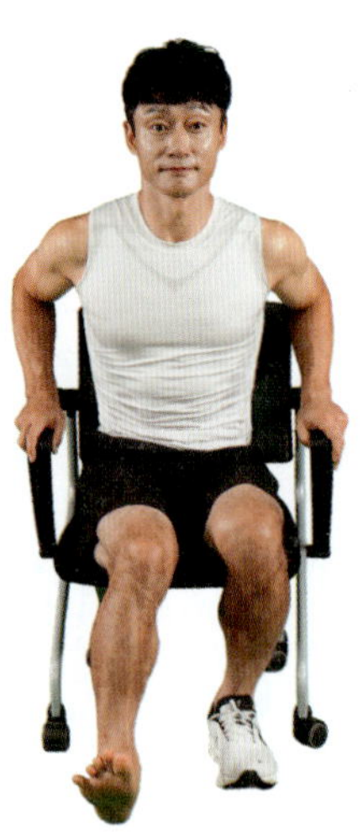

— 주먹 쥐고 엉덩이 뒤쪽에 양
  손 의자 아래로 눌러서 가슴
  펴고 견갑골 아래로 내려 광
  배근 수축 5초 유지한다. 5
  회 반복한다.

12. 내전근 운동

— 의자 양옆으로 다리 벌려 앉
  았다 일어서기 20회 반복한
  다. 팔걸이가 있는 의자는 뒤
  로 살짝 밀어놓고 실시한다.

건강을 위한 최고의 선택

13. 골반 전후, 좌우, 대각선 가동운동

1. 골반을 앞뒤로 움직인다.

2. 엉덩이를 한쪽씩 들면서 좌우로 움직인다.

3. 무릎이 앞뒤로 움직이는 느낌으로 골반을 대각선으로 움직인다.

이 세가지 동작은 수시로 하면 좋다.

- 의자에서 일어날 때는 허리의 전만 각도를 유지한 상태로 가슴을 펴고 상체를 앞으로 가볍게 기울이며 일어난다.

※ **앉아 있을 수밖에 없는 상황이라면 이 운동을 통해 앉아서 건강해질 수 있는 최고의 운동이다.**

'Sitraining'으로 앉아서도 건강을 지키자!

4

서서 하는 틈새 운동 가이드

일상생활에서 올바른 자세를 유지하는 것만으로도 좋은 운동이다. 이보다 더 좋은 운동은 올바른 자세로 운동을 습관화하는 것이다. '운동할 시간이 없다'고 핑계 대지 말고, 하루 일상생활에서 틈틈이 할 수 있는 운동들을 해보자. 침대에서 누워서 하는 기상 운동, 앉아서 하는 운동, 엘리베이터 대신 계단 걷기, 가능한 거리는 걷기, 대중교통 이용하기, 자전거 타기, 자기 전 침대 운동 등 생활 습관을 바꿔보자.

일상생활에서 지하철, 버스, 신호 대기, 설거지, 양치 등등 많이 서 있게 된다. 이때 틀어진 자세로 그냥 서 있기 보다는 간단한 운동을 통해 손상도 방지하고, 근육과 관절에 도움이 되는 서서 하는 최고의 운동을 소개하고자 한다.

1. 뒤꿈치 들기

1. 양발을 겨드랑이 위치에 놓
   고 선다.

2. 뒤꿈치를 들어 올렸다 내리
   기를 5회 반복한다.

• 최대한 끝 범위까지 들어주
   고 1초 정도 유지하고 내린
   다.

2. 앞꿈치 들기

1. 양발을 겨드랑이 위치에 놓
   고 선다.

2. 발끝을 들어 올렸다 내리기
   를 5회 반복한다.

• 최대한 끝 범위까지 들어주
  고 1초 정도 유지하고 내린
  다.

3. 한 발로 서서 발목 돌리기

1. 한 발로 서서 한 발은 살짝 앞
   으로 든다.

2. 발끝을 위, 아래, 내측, 외측,
   시계 방향, 반시계방향으로
   최대한 크게 돌린다.

- 각각 5회 진행한다.

- 한 발로 설 때 모든 동작에서
  지지하는 발은 치골을 살짝
  당겨 복압을 유지하고, 엉덩
  이를 아주 살짝 뒤로 내미는
  느낌으로 힙힌지를 유지하고
  서도록 한다. 안정감 있게 균
  형을 잡는데 매우 중요한 팁
  이다.

4. 한 발로 서서 앞·뒤꿈치 들기

1. 한 발로 서서 반대 발은 뒤로
   살짝 구부린다.

2. 뒤꿈치 들기를 5회 반복한
   다.

3. 발끝 들기를 5회 실시한다.

- 같은 방법으로 반대쪽도 실
  시한다.

- 잘 안되면 벽에 손을 대고 연
  습한다.

5. 한 발 무릎 강화 운동

1. 한 발로 서서 발목을 아래로
   내려 주면서 무릎관절과 고
   관절을 90도로 5초 유지한
   다.

2. 그 상태에서 발목을 위로 올
   려주며 뒤꿈치가 바닥에 닿
   기 직전까지 무릎을 펴서 대
   퇴사두근을 수축하고 5초 유
   지한다. 각각 양발을 5회 실
   시한다.

3. 한 발로 서서 한 발을 뒤쪽으
   로 들고 발목을 90도 유지하
   고, 무릎을 구부려 햄스트링
   근육을 수축한다. 양발을 각
   각 5초 유지하고 내리기를 5
   회 반복한다.

6. 한 발 고관절 강화 운동

1. 한 발로 서서 발목을 90도로
   유지한다.

2. 고관절을 내회전하면서 앞쪽
   방향으로 45까지 들었다 내
   리고, 옆으로 들었다 내리고,
   고관절 외회전 하면서 뒤쪽
   으로 들었다 내리는 동작을
   연속으로 세 방향으로 실시
   한다.

3. 한 발씩 세 동작을 천천히 끝
   범위까지 5회 실시한다.

7. 고관절 외회전, 내회전 운동

1. 한 발로 서서 제기 차듯이 발에 안쪽 면이 정면을 보도록 교대로 외회전한다. 왕복 10회 반복한다.

2. 한 발로 서서 발에 바깥쪽 면이 정면을 보도록 교대로 내회전한다. 왕복 10회 반복한다.

8. 하프 스쿼트

1. 발을 15도 정도 벌리고 어깨 넓이로 선다.

2. 허리의 전만 각도를 유지하고 무릎을 약 45도 정도 굽혔다 편다.

3. 10회 반복한다.

9. 앞·뒤꿈치 들고 제자리 걷기

1. 뒤꿈치를 든 상태에서 제자리
   걸음을 왕복 10회 실시한다.

2. 앞꿈치를 든 상태에서 제자
   리걸음을 왕복 10회 실시한
   다.

건강을 위해서 운동은 필수적이다. 꼭 어디 가서 하지 않아도 이렇게 생활 속에서 하는 운동이 더 효과적이다. 또한 운동은 힘들고 숨이 차야 효과가 좋다. 운동할 때 느껴지는 근육의 당김이나 약간의 통증, 호흡이 가빠지는 것은, 내 몸이 건강해지고 있다는 것이다. 너무 행복하고 즐거운 일이 아닌가. 이런 힘듬을 즐겨야 한다. 또한, 이런 힘듬을 느낄 때 환호성은 아니더라도 미소 짓거나 웃어보자. 덜 힘들 것이다. 운동할 때 불편함과 힘듬이 쌓이고 쌓여서 앞으로 남아 있는 내 삶을 즐겁고 행복하게 만들 것이다.

건강을 위한 최고의 선택

5

전신 균형을 위한 운동 가이드

균형 감각은 우리가 서고, 걷고, 뛰는 모든 움직임에서 필수적인 역할을 한다. 일상생활에서의 작은 실수 하나가 부상으로 이어질 수 있으며, 특히 나이가 들수록 균형 감각 저하는 낙상의 주요 원인이 된다. 스포츠 및 피트니스 활동에서도 균형 능력은 운동 수행력 향상과 부상 예방에 중요한 요소로 작용한다. 신체의 균형은 단순한 감각이 아니라, 신경계, 근육계, 시각 및 전정계를 포함한 복합적인 시스템의 협응으로 유지된다. 따라서 체계적인 밸런스 운동을 통해 균형 감각을 강화하는 것은 건강한 삶을 유지하는 데 필수적인 요소다.

신체의 균형은 체성감각계(고유수용기), 전정계, 시각계로부터의 구심성 정보가 중추신경계에서 통합·조절되어 유지된다(Steadman, Donaldson, & Kalra, 2003). 체성감각계는 근막에 있는 고유수용기를 통해 근 길이와 장력을 감지하여 중추신경계로 전달하고, 시각계는 가장 많은 평형 정보를 받아들이며, 전정계는 공간 지각력을 감지하여 전달한다. 평형 능력이란 공간 안에서 신체를 안정된 자세로 유지하는 능력으로, 일상생활 및 스포츠 활동에서 중요한 역할을 한다(백동규, 1991).

1. 한 발로 균형 잡기(Single-Leg Stand)

효과 균형 감각, 발목 및 하체 근력을 강화한다.

1. 한 발로 서서 다른 발은 바닥에서 살짝 들어 올린다.

2. 손을 허리에 올리거나 자연스럽게 두고 균형을 잡는다.

3. 한쪽 발로 20~30초 동안 버틴 뒤 반대쪽 발도 동일하게 반복한다.

변형

1.1 눈을 감고 서거나 불안정한 표면(예: 밸런스 패드)을 사용하면 난이도가 높아진다.

1.2 한 발로 서서 앞뒤좌우 회전 6개 동작

1.3 한 발로 서서 발등 터치(힘들면 무릎 터치)

1.4 한 발로 서서 스프린트, 스케이터 동작

1.5 한 발 스쿼트

2. 일자로 걷기(Standing Heel-to-Toe Walk)

 전반적인 균형 및 보행 안정성을 높이는 데 유용하다.

1. 일직선상에 한쪽 발의 뒤꿈치를 다른 발의 앞 발가락에 맞추어 걷는다.

2. 천천히 앞을 바라보며 시선을 고정한 상태로 10~15걸음을 걷는다.

변형

팔을 옆으로 벌리거나, 불안정한 지면 위에서 수행한다.

3. 플랭크 균형 운동(Plank with Instability)

효과 코어 근육 및 상체 근육 강화와 신체 안정성을 향상시킨다.

1. 전통적인 플랭크 자세를 취한다.

2. 손 또는 발 아래에 불안정한 도구(예: 밸런스 볼, 롤러)를 놓는다.

3. 자세를 유지하며 몸이 흔들리지 않도록 집중한다.

변형

한쪽 팔이나 다리를 들어 올리면서 균형을 잡도록 유지한다.

4. 밸런스볼 운동

효과 관절 안정성 및 신체 조절력을 향상시킨다.

1. 밸런스볼 위에 서서 두 발로
   균형을 잡는다.

2. 난이도를 높이려면 한 발로
   서거나, 스쿼트/런지를 시도
   한다.

4-1. 밸런스볼 운동 (변형)

 관절 안정성 및 신체 조절력을 향상시킨다.

• 한 발로 서서 앞뒤좌우, 회전

　6개 동작

• 한 발로 서서 발등 터치(힘들

　면 무릎 터치)

4-2. 밸런스볼 운동 (변형)

- 한 발로 서서 스프린터, 스케
  이터 동작

- 한 발 스쿼트

5. 나무 자세 균형 운동(Tree Pose, 요가 자세)

효과 하체 근력, 집중력, 안정성을 동시에 높인다.

1. 한 발로 서고, 다른 발을 반 대쪽 허벅지나 정강이에 올려놓는다.

2. 손을 가슴 앞에서 합장하거나 머리 위로 올린다.

3. 20~30초 동안 자세를 유지하며 균형을 잡는다.

6

강력한 코어를 위한 복근 운동 가이드

복근은 신체의 중심을 지탱하는 핵심 근육군으로, 자세 유지, 운동 능력 향상, 허리 보호에 필수적이다. 특히, 코어 근육이 강할수록 균형 감각이 좋아지고 부상의 위험이 줄어든다. 단순히 복부의 탄력을 높이는 것뿐만 아니라, 일상생활에서도 허리 건강을 유지하는 데 중요한 역할을 한다. 이번 장에서는 복근을 효과적으로 단련할 수 있는 다양한 운동법을 소개한다.

1. 무릎 90도 상복부 말기(Knee trunk crunch)

 복직근(상복부)을 강화한다.

1. 바닥에 등을 대고 누워 무릎을 90도 굽히고 다리를 든다.

2. 손은 머리 뒤에 가볍게 얹거나 가슴 위에 교차한다.

3. 명치를 배꼽 방향으로 말아 주는 느낌으로 상복부를 수축한다. 견갑골이 바닥에서 떨어질 때까지 말아준다.

4. 천천히 원래 자세로 돌아온다.

- 10회 반복한다.

- 목에 힘을 주지 않도록 하고, 허리까지 들리지 않도록 주의한다.

건강을 위한 최고의 선택

2. 무릎 90도 하복부 말기(Knee leg crunch)

효과 복직근(하복부)을 강화한다.

1. 바닥에 등을 대고 누워 고개
   를 가볍게 들고 무릎을 90도
   굽히고 다리를 든다.

2. 다리 90도를 유지하고 치골
   을 명치쪽으로 말아준다.

3. 요추부가 들리는 지점에 도
   달하면 천천히 내려준다.

- 10회 반복한다.

- 과도하게 들리지 않도록 주
  의하며 천천히 컨트롤한다.

3. 발목 터치(Ankle touch)

 복직근, 복사근을 강화한다.

1. 바닥에 누워 고개를 든 상태에서 견갑골이 떨어질 때까지 상체를 말아주고, 양손을 발목 외측과 옆에 놓는다.

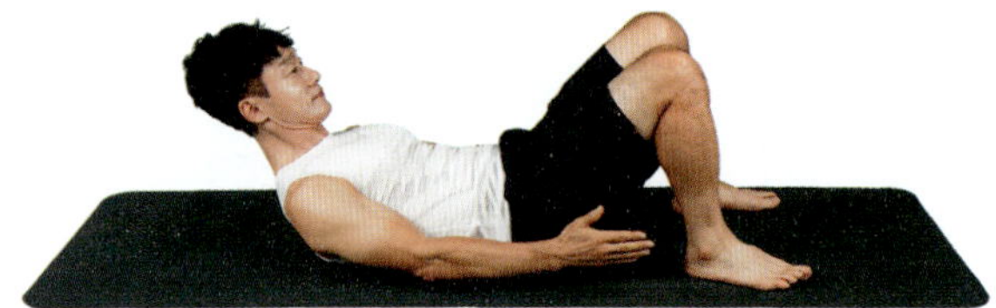

2. 좌우로 스윙하며, 손끝으로 발목 외측과를 터치한다.

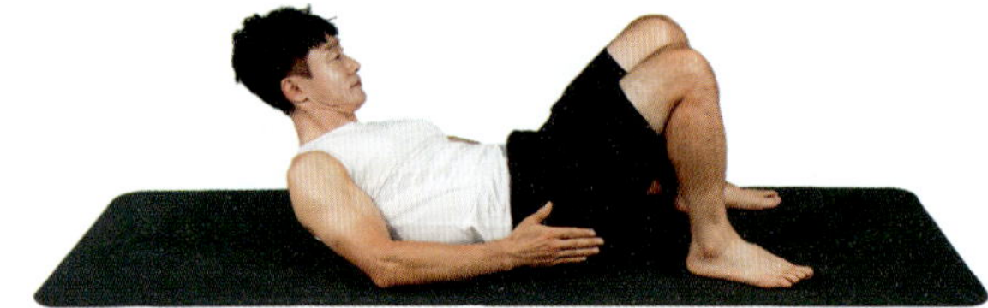

- 왕복 10회 반복한다.

- 목에 너무 힘이 들어가거나, 허리가 과도하게 구부러지지 않도록 주의한다.

건강을 위한 최고의 선택

4. 대각선 크런치(Cross crunch)

효과 복사근(옆구리 근육)을 강화한다.

1. 바닥에 누워 한 다리를 꼬고, 고개를 든 상태에서 한 손은 뒷머리에, 한 손은 복부에 놓는다.

2. 팔꿈치와 무릎을 크로스로 회전하며 가볍게 터치한다.

- 각각 30회 실시한다.

- 목에 너무 힘이 들어가거나, 허리가 과도하게 구부러지지 않도록 주의한다.

5. 옆으로 누워 크런치(Side crunch)

효과 복사근(옆구리 근육)을 강화한다.

1. 바닥에 무릎을 구부리고 옆
   으로 누워 고개를 든 상태에
   서 한 손은 뒷머리에, 한 손
   은 복부에 놓는다.

2. 견갑골이 떨어질 때까지 들
   어준다.

3. 다리가 바닥에 닿은 상태에
   서 30회, 다리들고 30회, 총
   60회 반복한다.

• 목에 너무 힘이 들어가거나,
   허리가 과도하게 구부러지지
   않도록 주의한다.

6. 대각선 팔다리 모으기(Cycling crunch)

 복직근과 복사근을 강화한다.

1. 누워서 고개 들고, 양손 양다
   리 들고, 크로스로 회전하며
   팔꿈치로 무릎을 가볍게 터
   치한다.

2. 손과 발보다는 상완과 허벅
   지 부분이 가까워지는 느낌
   으로 실시한다.

- 왕복 30회 반복한다.

- 팔과 다리보다는 복근에 집
  중한다.

7. 다리들고 좌우 회전(Leg raise swing)

효과 복직근과 복사근을 강화한다.

1. 바닥에 누워 고개를 가볍게 들고 무릎을 10도 정도 굴곡하고, 다리를 들어 고관절은 90도까지 들어준다.

2. 다리 90도를 유지하고, 바닥에 닿기 직전까지 좌우로 스윙한다.

- 왕복 10회 반복한다.
- 복근에 집중하여 다리 스윙을 천천히 컨트롤한다.

8. 누워서 발차기(Flutter kick)

효과 복직근과 복사근을 강화한다.

1. 바닥에 누워 고개를 가볍게
   들고 무릎을 10도 정도 굴곡
   하고, 다리는 30도까지 들어
   준다.

2. 팔은 뻗어 바닥에 지지한다.

3. 위아래, 좌우, 시계방향, 반
   시계방향 4가지 동작을 왕복
   10회씩 반복한다.

- 복근에 집중하여 다리 스윙
  을 천천히 컨트롤한다.

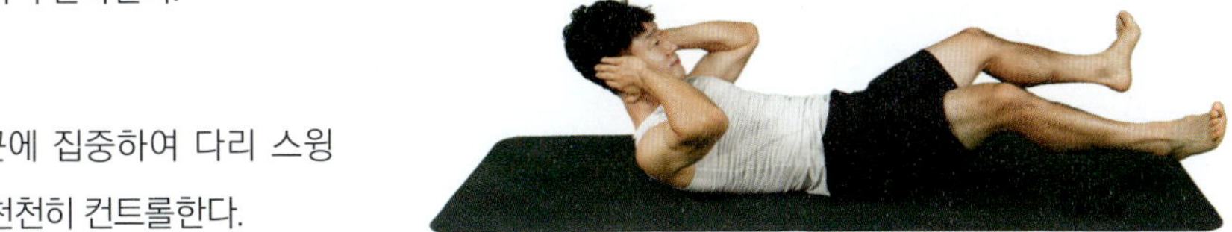

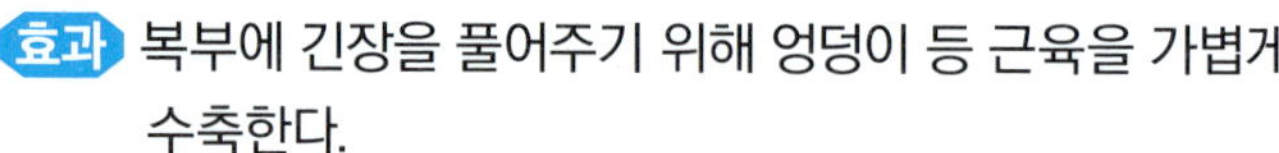

9. 엉덩이 들기(Bridge exercise)

효과 복부에 긴장을 풀어주기 위해 엉덩이 등 근육을 가볍게
수축한다.

1. 바닥에 등을 대고 누워 무릎
을 굽히고 발을 엉덩이 너비
로 벌린 채 바닥에 놓는다.

2. 엉덩이를 천천히 들어 올리
면서 어깨, 허리, 엉덩이가
일직선이 되도록 한다.

3. 복부의 긴장을 풀어주는 느
낌으로 20cm정도 30회 빠
르게 반복한다.

• 엉덩이 근육과 허리 신전근
에 집중하며 엉덩이를 가볍
게 들어준다.

10. 플랭크(Plank)

 앞쪽 코어를 중심으로 전신의 앞쪽 근육을 활성화한다.

1. 팔꿈치를 어깨너비로 벌리고 바닥에 대고 엎드린다.

2. 발끝으로 몸을 지탱하며 치골을 명치 방향으로 끌어당겨 주면서 몸 전체를 일직선으로 유지한다.

3. 복부와 엉덩이에 힘을 주고 이 자세를 100초간 유지한다.

4. 바로 이어서 플랭크 다리 들기, 플랭크 클라이밍, 플랭크 와이드 클라이밍, 플랭크 골반 좌우 회전, 플랭크 위아래 운동, 5가지 동작을 왕복 10회씩 반복한다.

• 처음에 양쪽 견갑골을 벌리듯이 상체를 유지하면서 치골을 당겨 몸이 일직선이 되도록 유지한다.

11. 엎드려 상하지 들기(Back extension)

효과 긴장된 복부 근육의 긴장을 풀어주며, 뒤쪽 근육들을 강화한다.

1. 머리, 양팔, 양다리를 들고 엎드린다.

2. 머리, 양팔다리를 위로 최대한 들어주고, 시작 자세로 돌아온다.

3. 30회 반복한다.

4. 대각선 팔다리 교차로 왕복 10회 반복한다.

5. 마지막은 양팔 양다리를 최대한 올리고 5초 유지한다.

- 부드럽게 끝부분까지 들어준다.

효과 운동 후에는 허리와 복부의 긴장을 풀어주기 위해 다음과 같은 스트레칭을 실시한다.

1. 무릎 꿇고 상체 숙이기

2. 몸통 좌우 측면 스트레칭

3. 허리 신전 스트레칭

4. 고관절 외회전근 스트레칭

5. 햄스트링 스트레칭

6. 네발 기기 척추 굴곡 신전 스트레칭

7. 대퇴사두근 스트레칭

- 복근 운동 시 주의사항은 허리가 과도하게 구부러지거나 들리지 않도록 주의하고, 올바른 자세를 유지한다. 복근 수축 시 숨을 내쉬고 이완 시 숨을 들이쉰다. 처음부터 무리하지 말고 적절한 반복 횟수와 세트를 설정하고 점차 증가시킨다.

위의 복근 운동 루틴은 저자가 오랫동안 반복해 온 방법이다. 이 덕분에 지금도 선명한 식스팩을 유지하고 있다. 복근 운동은 꾸준함이 중요하다. 지금부터 시작하자. 멋진 식스팩을 위해!

최강의 맨몸 운동, 팔굽혀펴기 가이드

팔굽혀펴기는 단순한 운동처럼 보이지만, 신체의 다양한 근육군을 활성화하고 근력과 체력을 향상시키는 데 탁월한 효과를 발휘한다. 또한, 심폐 기능 강화, 신체 균형 개선, 그리고 체형 교정 등 다양한 건강상의 이점을 제공한다. 무엇보다도 장소와 장비에 구애받지 않고 누구나 쉽게 도전할 수 있다는 점에서 최고의 맨몸 운동 중 하나로 손꼽힌다. 꾸준한 연습과 점진적인 강도 증가를 통해 운동 효과를 극대화할 수 있으며, 변형 동작을 활용하면 더욱 다양한 근육을 활성화할 수 있다. 올바른 자세를 유지하면서 수행하는 것이 부상을 예방하는 핵심이며, 개인의 체력 수준에 맞춘 적절한 강도로 운동을 지속하는 것이 중요하다.

팔굽혀펴기의 다양한 변형 동작

1. 무릎 팔굽혀펴기(Knee Push-Up)

효과 초보자나 근력이 약한 사람이 기본 동작을 익히기에 좋으며,
상체 근력을 서서히 강화하는 데 도움이 된다.

— 기본 팔굽혀펴기와 동일한
자세를 취하지만, 무릎을 바
닥에 대고 수행한다.

• 무릎을 대고 수행하되 몸의
일직선 유지가 중요하며, 손
목과 어깨에 무리가 가지 않
도록 적절한 위치를 찾는다.

2. 와이드 팔굽혀펴기 (Wide Push-Up)

효과 대흉근(가슴 근육)에 집중적인 자극을 주어, 가슴 근육 발달에
효과적이다.

— 손 위치를 어깨너비보다 넓
게 벌리고 팔꿈치를 바깥쪽
으로 향하게 하여 수행한다.

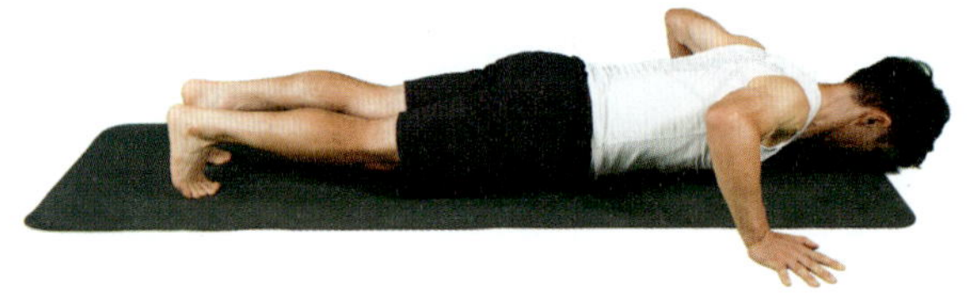

• 손 위치를 너무 넓게 하면 어
깨 관절에 부담이 갈 수 있으
므로 적절한 너비를 유지하
며 수행한다.

3. 다이아몬드 팔굽혀펴기(Diamond Push-Up)

효과 삼두근(팔 뒤쪽 근육)과 전거근을 강화하는 데 효과적이다.

— 두 손을 삼각형(다이아몬드)
  모양으로 만들고, 가슴 중앙
  에 위치한 상태에서 팔굽혀
  펴기를 수행한다.

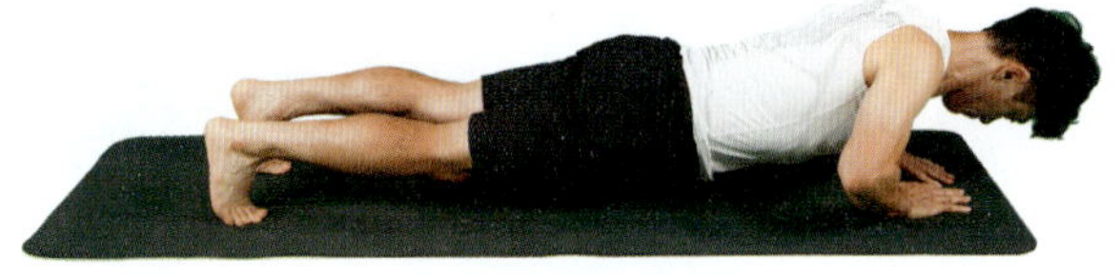

• 팔꿈치를 몸 가까이 유지하
  며, 속도를 조절하면서 수행
  하면 더 높은 강도의 자극을
  줄 수 있다.

4. 디클라인 팔굽혀펴기(Decline Push-Up)

효과 어깨와 상부 가슴 근육을 강화하며, 난이도가 높아 보다 강한 근력 훈련이 가능하다.

— 발을 높은 지면(의자, 벤치 등)에 올린 후 팔굽혀펴기를 수행한다.

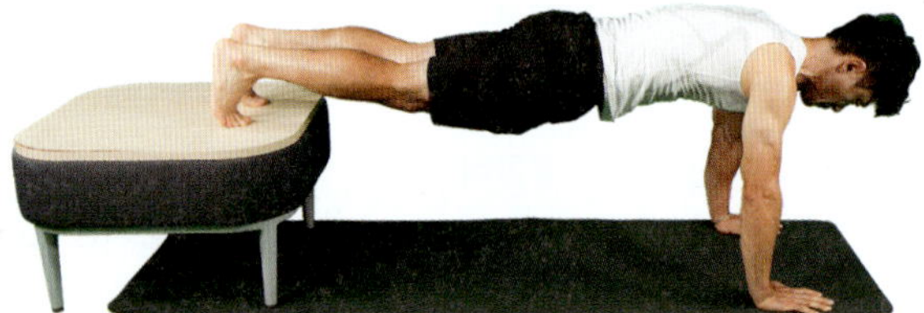

• 너무 높은 곳에 발을 올리면 어깨 부상 위험이 있으므로 적절한 높이를 조정해야 한다.

5. 인클라인 팔굽혀펴기(Incline Push-Up)

효과 상체 부담이 적어 초보자가 수행하기에 적합하며, 가슴 근육을
정확한 자세로 서서히 단련할 수 있다.

— 손을 높은 지면(의자, 벤치
등)에 올린 상태에서 팔굽혀
펴기를 수행한다.

- 손목이 부담되지 않도록 손
의 위치를 조정하고, 천천히
정확한 자세로 수행하는 것
이 중요하다.

6. 스파이더맨 팔굽혀펴기(Spiderman Push-Up)

효과 복부 근육과 유연성을 강화하는 데 효과적이다.

— 팔굽혀펴기를 하면서 내려갈
  때 한쪽 무릎을 팔꿈치 쪽으
  로 당긴다.

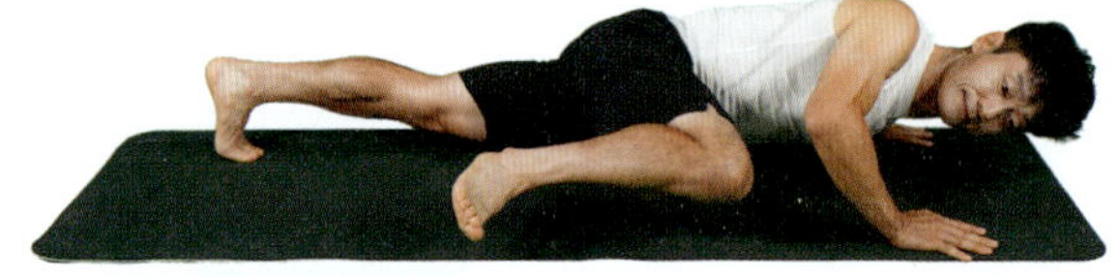

• 무릎을 높이 올릴수록 복근
  자극이 커지므로 자신의 체
  력에 맞게 조절하며 수행한
  다.

7. 아처 팔굽혀펴기(Archer Push-Up)

효과 한쪽 가슴 근육과 팔 근육을 집중적으로 강화할 수 있다.

— 한쪽 팔을 옆으로 뻗고 반대
쪽 팔로 몸을 지탱하며 팔굽
혀펴기를 수행한다.

• 가슴과 삼두근을 효과적으
로 자극하기 위해 천천히 수
행하며, 체중을 분산시키는
감각을 익히는 것이 중요하
다.

1. 허리가 처지거나 엉덩이가 들리지 않도록 몸이 일직선을 유지해야 한다.

2. 손목에 과도한 힘이 실리지 않도록 주의한다.

3. 너무 빠른 속도로 하면 부상의 위험이 있으므로 천천히 정확하게 동작을 수행한다.

4. 어깨나 손목에 통증이 느껴지면 즉시 운동을 멈추고 자세를 점검한다.

5. 내려갈 때 숨을 들이마시고, 올라올 때 숨을 내쉬며 규칙적으로 호흡한다.

팔굽혀펴기를 습관화한다면, 강한 몸과 균형 잡힌 체형을 얻는 데 큰 도움이 될 것이다. 건강한 삶을 위해 오늘부터 팔굽혀펴기를 실천해보자!

Part 10

세계 최고의 운동

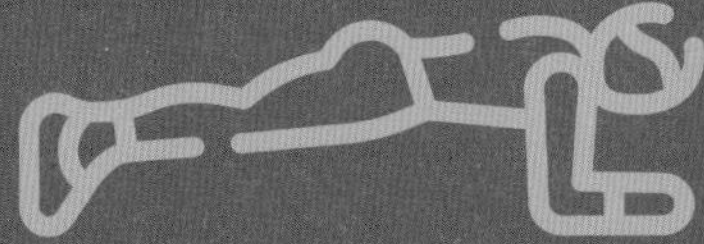

> "운동은 약이 될 수도, 독이 될 수도 있다. 차이는 방법이다."
>
> — 히포크라테스

전신의 운동 기능을 강화하는 '세최운' 프로그램

'세최운'은 '세계 최고의 운동'이라는 의미로, 약 10년 전부터 매주 3회씩 액티브코어에서 진행하는 대표적인 운동 프로그램이다. 이는 신체의 모든 운동 기능을 강화하기 위해 고안된 트레이닝으로, 회원들이 그 효과를 체감하며 붙여준 이름이다. 저자 역시 10년 넘게 이 운동을 실천하며, 매번 행복감과 성취감을 느끼고 있다. 이 '세계 최고의 운동'을 소개하게 되어 매우 기쁘다.

동적 스트레칭

　본 운동 전에 워밍업으로 실시하는 동적 스트레칭(Dynamic stretching)은 부상 방지와 운동 수행 능력 향상에 효과적이다. 시작 전에 관절을 부드럽게 하기 위해 무릎 돌리기, 허리 돌리기, 어깨 돌리기를 가볍게 실시하고 시작한다. 동적 스트레칭은 걸으면서 동작을 수행하며, 한쪽 다리 동작 후 3스텝 후에 반대쪽 다리 동작을 한다. 매 동작과 스텝마다 악력 증가와 순환 증진을 위해 주먹을 쥐었다 폈다 하면 일석이조의 효과가 있다. 모든 동작은 왕복 10회씩 진행한다.

1. 무릎 앞으로 올리기

— 무릎을 90도 구부려 가슴을
  닿을 정도까지 올려준다.

건강을 위한 최고의 선택

2. 무릎 옆으로 올리기

— 팔은 안쪽으로 하고, 무릎을
   옆으로 들어 어깨에 옆 방향
   으로 올린다.

3. 고관절 외회전

— 제기차기와 같이 발 안쪽이
　정면을 향하게 앞으로 차주
　고, 가슴은 정면 팔은 발과
　교차하면서 반대쪽으로 스윙
　한다.

건강을 위한 최고의 선택

4. 고관절 내회전

― 고관절 외회전과는 반대로
내회전 하면서 발의 바깥쪽
이 정면을 향하게 앞으로 차
주고, 가슴은 정면 팔은 발과
교차하면서 반대쪽으로 스윙
한다.

— 무릎을 90도 구부린 상태로
   들어 내측으로 내회전하고,
   수평으로 끝 범위까지 외회
   전한다.

6. 고관절 밖에서 안으로 수평 회전

— 무릎을 90도 구부린 상태로
  들어 외측으로 들어 외회전
  하고, 수평으로 끝 범위까지
  내회전한다.

— 무릎을 앞으로 들어 구부린
상태에서 위로 최대한 뻗는
다.

8. 무릎 펴고 앞차기

— 무릎을 편 상태로 위로 올렸
   다 내린다.

— 무릎을 펴고 옆으로 최대한
  벌려 위로 올린다.

10. 뒤로 들기

— 고개를 뒤로 젖힘과 동시에
  다리를 뒤로 뻗어 위로 올린
  다.

- 걷기, 달리기, 등산 전뿐만
  아니라, 모든 종목의 스포츠
  에서도 부상 방지와 경기력
  향상을 위해 매우 좋은 운동
  이다. 그냥 매일 해도 너무
  좋다.

- 다이니믹 스트레칭의 모든
  동작은 각 개인이 할 수 있는
  범위에서 실시하고, 점차적
  으로 각도를 증가시킨다.

2

다양한 러닝 패턴으로 심폐 기능 강화하기

　현대인은 신체 활동 부족으로 인해 심폐 기능이 저하되는 경우가 많다. 이는 피로 증가, 면역력 저하, 심혈관 질환의 위험 증가로 이어질 수 있다. 심폐 기능을 향상시키면 산소 공급 능력이 개선되고 체력과 지구력이 증가하여 일상생활에서 더 높은 에너지를 유지할 수 있다. 본 운동 프로그램은 단계적인 접근 방식을 통해 누구나 쉽게 따라 할 수 있도록 구성되었다.

1. 가벼운 러닝

─ 본 운동 전에 다이나믹 스트
레칭으로 근육과 관절을 준
비하고, 이어서 약 10분간
가벼운 러닝을 실시한다. 머
리끝을 위로 당기는 느낌인
치가턱 자세로 시선을 전방
10미터를 응시하고, 보폭을
좁게와 넓게를 번갈아 가며
가볍게 뛴다. 이런 위밍업을
통해 부상 위험을 줄이고 운
동 수행 능력을 향상시키는
데 도움이 됩니다.

— 앞으로 20걸음 가벼운 러닝,
  뒤로 20걸음 러닝, 빠른 피
  치 주법으로 100걸음, 뒤로
  20걸음 러닝을 순서대로 총
  7회 반복한다.

3. 사이드 스텝 훈련

— 좌우 방향으로 각각 10걸음
씩 사이드 스텝을 왕복 5회
반복한다. 이 훈련은 측면 근
육 강화와 균형 감각 향상에
도움이 된다.

균형 잡힌 몸매를 위한 서서 하는 코어 운동 7가지

우리 몸의 중심을 이루는 코어(core)는 단순한 복부 근육을 넘어 몸 전체의 균형과 움직임을 조절하는 핵심 요소이다. 코어 근육이 튼튼해야만 일상생활 속에서 올바른 자세를 유지하고 부상 위험을 줄일 수 있으며, 나아가 운동 능력 향상에도 도움이 된다. 그러나 많은 사람이 코어 운동을 할 때 누워서 하는 운동에만 집중하는 경향이 있다. 서서 하는 코어 운동은 몸 전체의 협응력을 높이고, 실생활에서 사용하는 근육을 효과적으로 단련하는 장점이 있다. 특히, 나이가 들수록 균형 감각과 근력이 저하되면서 낙상의 위험이 커지므로, 이러한 운동은 노년기 건강 유지에도 필수적이다. 아래는 서서 할 수 있는 7가지 효과적인 코어 운동을 소개하고, 이를 통해 신체의 균형과 근력을 동시에 강화하는 방법을 안내한다. 코어를 중심으로 팔, 다리의 대각선 움직임들은 뇌 기능 활성화에 매우 효과적이다. 그리고 다방향성 몸통 움직임을 통해 흉곽에 매달려 있는 심폐, 소화, 비뇨, 생식계 활성화에도 많은 도움이 된다.

　세최운 서서하는 코어 운동 세션은 전체가 처음에는 왕복 20회로 시작해서 익숙해 지면 30회, 40회까지 늘린다. 또한, 동작을 부드럽고 리드미컬하게 수행하며, 10회마다 동작을 더 크게 진행한다. 그리고 악력과 순환 증진을 위해 주먹 쥐기 펴기를 매 동작마다 리듬에 맞춰 동시에 진행한다.

1. 대각선 팔다리 교차 운동

 복직근과 복사근(복부 측면 근육)을 강화하고, 균형 감각 및
신체 협응력을 향상시킨다.

— 서서 팔을 구부려 왼쪽 팔꿈
　치와 오른쪽 무릎을 동시에
　들어 올려, 복부가 사선으로
　서로 만나도록 복근에 집중
　하고 실시한다. 반대쪽도 같
　은 방식으로 반복한다.

2. 동일측 팔다리 모으기 운동

 복사근 및 코어 근육을 강화한다.

— 서서 팔을 구부려 오른쪽 팔
꿈치와 오른쪽 무릎을 동시
에 들어 올려 앞옆쪽 복사근
이 수축하는 느낌으로 실시
한다. 반대쪽도 같은 방식으
로 수행한다.

3. 사이드 팔다리 운동

효과 요방형근(허리 근육) 및 중둔근(엉덩이 근육)을 강화하고, 측면
균형 능력 및 몸통 가동성을 향상시킨다.

― 양팔을 벌린 상태에서 몸통
을 오른쪽으로 기울이며 오
른쪽 골반과 다리를 동시에
옆으로 들어 올린다. 반대쪽
도 같은 방식으로 수행한다.

4. 뒤 대각선 팔다리 교차 운동

효과 뒤쪽 대부분의 근육을 강화하고, 특히 광배근(등 근육) 및
대둔근(엉덩이 근육)을 강화한다.

— 왼팔을 들어 뒤쪽 대각선 방
향으로 회전하는 동시에 오
른쪽 다리를 외회전하며 뒤
쪽 대각선 방향으로 뻗는다.
동작 시 견갑골과 반대쪽 대
둔근이 동시 수축하는 느낌
으로 진행한다. 반대쪽도 같
은 방향으로 수행하고, 시선
은 정면을 유지한다.

5. 뒤 동일측 팔다리 들기 운동

 어깨 가동성 증가로 오십견과 회전근개 손상을 예방하고,
대둔근과 척추기립근을 강화한다.

— 오른손을 정면으로 올려 귀
옆을 스치듯 올리면서 팔꿈
치를 구부려 손바닥으로 등
을 치며, 동시에 오른발을 외
회전하며 뒤로 올려 들어준
다. 반대쪽도 같은 방식으로
수행한다. 허리가 휘지 않도
록 중립자세를 유지하며 실
시한다.

건강을 위한 최고의 선택

6. 한 발 안에서 바깥쪽 원 그리기 운동

 고관절 가동성 증가, 하지 전체 근력 강화, 균형 감각을
향상시킨다.

― 한 발로 서서 반대쪽 발을 들
어 올려 앞쪽 사선 위치에서
발목은 90도 유지하고, 무릎
은 살짝 구부려 안에서 바깥
쪽으로 원을 그린다. 발목을
90도 유지하여 고관절 움직
임으로 실시하며, 10회마다
원의 크기를 키우며, 반복 후
에 앞쪽 사선 두 방향과 뒤쪽
사선 두 방향, 총 4방향으로
각 40회씩 수행한다.

— 위와 같은 방법으로 다리를
들어 올려 반대 방향인 바깥
쪽에서 안으로 진행한다.

4

측면 운동으로 부상 예방과 퍼포먼스 향상(세최운)

　우리는 일상생활에서 주로 앞뒤 방향으로 움직이는 패턴에 익숙해져 있다. 이러한 움직임만으로는 신체의 균형을 유지하는 데 필요한 측면 근육을 충분히 단련하기 어렵다. 내전근과 외전근은 앞뒤 움직임을 보조하고, 보행과 측면 안정성 유지에 중요한 역할을 한다. 측면 운동으로 균형미 있는 몸을 만들자.

1. 사이드 와이드 걷기 운동

1. 허리를 곧게 세우고, 어깨 너
   비보다 다리를 크게 벌린다.

2. 한쪽 방향으로 20보 걷는다.
   같은 방법으로 반대 방향으
   로 이동한다.

3. 총 5회 반복한다.

2. 빠르게 사이드 뛰기 운동

1. 사이드 와이드 걷기와 같은
   자세로 이어서 실시한다.

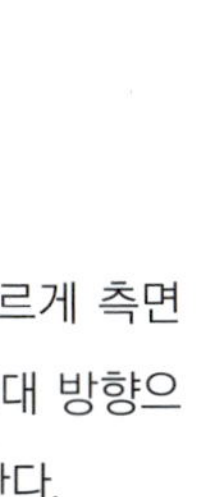

2. 양발을 동시에 빠르게 측면
   으로 7보 뛰고, 반대 방향으
   로 동일하게 실시한다.

3. 왕복 5회 반복한다.

1. 허리를 곧게 세우고, 다리는 어깨 너비보다 조금 넓게 벌린다.

2. 양발을 동시에 3스텝 이동하고, 왕복으로 진행한다.

3. 왕복 20회 반복한다.

5

강한 하체, 강한 코어를 위한 최고의 운동법

하체는 우리 몸을 지탱하는 가장 중요한 부위이며 관절 보호, 자세 개선, 체중 감량, 심혈관 건강 증진 등 다양한 이점을 제공한다. 본 프로그램은 하체 근력과 코어 근육을 동시에 향상시켜 부상의 위험을 줄이며, 신체 정렬과 균형 감각을 개선한다.

1. 스쿼트

 하체와 코어 운동뿐만 아니라, 다방향의 손동작을 통해 전신의 근육 강화 운동 효과를 극대화한다.

— 어깨보다 약간 넓은 보폭으로 서서, 발끝을 15도 정도 바깥으로 향하게 한다. 슬개골이 2~3번째 발가락을 향하도록 구부리며, 치골을 가볍게 끌어당겨 복압을 유지하고, 허리의 정상 전만 각도를 곧게 유지한 채로 고관절을 접는 느낌으로 수직으로 무릎이 90도까지 내려간다. 총 60회 진행한다.

손 동작 변화(각 10회)

① 손 정면 삼각형 유지

② 머리 위로 올리기

③ 대각선 위로 뻗기

④ 양팔 옆으로 벌리기

⑤ 뒤로 대각선 벌리기

⑥ 뒤로 뻗기

• 무릎을 완전히 펴지 않도록 해 지속적인 근육 긴장을 유지하고, 무릎의 손상을 예방한다.

건강을 위한 최고의 선택

2. 스쿼트 팔다리 대각선 교차 운동

 복사근과 하지 근력을 동시에 강화한다.

— 스쿼트 자세에서 상체를 가
  볍게 회전하면서 대각선 방
  향으로 왼쪽 팔꿈치와 오른
  쪽 무릎을 모은다. 다음 동작
  에서는 오른쪽 팔꿈치와 왼
  쪽 무릎을 모이게 한다. 스쿼
  트 동작에서는 하체에 상체
  동작에서는 복사근에 집중
  하여 총 30회 진행한다.

• 10회 마다 동작을 더 크게
  진행한다.

3. 스쿼트 사이드 운동

 하지 근력과 요방형근, 복사근을 강화한다.

— 스쿼트 자세에서 한쪽 다리를 허리 높이까지 옆으로 들어 올리며, 상체를 회전한다. 동시에 같은 방향으로 고개를 돌려 목 회전 가동성도 향상시킨다. 총 30회 진행한다.

• 10회 마다 동작을 더 크게 진행한다.

4. 스쿼트 뒤 대각선 운동

효과 광배근과 대둔근을 강화하고, 협응력과 몸통 회전력을
향상시킨다.

— 스쿼트 자세에서 왼팔이 대
각선 위 뒤쪽으로 드는 동시
에 오른 다리가 외회전하며
뒤 대각선 방향으로 들어준
다. 왼쪽 광배근과 오른쪽 대
둔근에 집중된 운동으로 몸
통이 회전되고 시선은 정면
을 향한다. 총 30회 진행한
다.

• 10회 마다 동작을 더 크게
진행한다.

5. 종아리 3가지 운동

 종아리 근육 강화 및 균형감각을 향상시킨다.

1. 시작 자세는 서서 손을 머리 위로 들고, 흉추를 신전시키면서 고개를 뒤로 젖힌다. 동시에 머리 위에 있는 손을 내리면서 뒤로 신전하고 뒤꿈치를 최대한 들어준다. 팔이 내려가는 동시에 흉추, 목, 뒤꿈치 순서로 동시에 동작이 이루어진다. 총 30회 반복한다.

2. 서서 팔을 앞으로 뻗어 90도 자세에서 시작한다. 팔을 뒤로 신전하는 동시에 뒤꿈치를 들어준다. 총 40회 반복한다.

3. 시작 자세는 서서 무릎을 30도 구부린 상태에서 팔은 정면으로 들어 삼각형을 만든다. 팔을 내리면서 뒤꿈치를 들어준다. 발끝이 떨어지기 직전까지 뒤꿈치를 들어준다. 총 30회 반복한다. 가제미근에 집중된 운동이다.

• 모든 동작에서 뒤꿈치를 끝 범위까지 들어준다.

6. 다방향 런지

효과 하체 근육 강화와 팔 동작을 통한 상지 근력도 강화한다.

— 바르게 선 상태에서 오른발과 왼손이 동시에 앞으로 나가면서 주먹을 쥠과 동시에 손목은 굴곡하며, 팔꿈치와 다리는 90도를 유지한다. 다시 시작 자세로 돌아오면서 양팔을 90도까지 외전하면서 손가락과 손목을 동시에 신전한다. 10회씩 총 60회 진행한다.

(1) 프론트 런지

(2) 프론트 대각선 런지

(3) 사이드 런지

(4) 백 사이드 다리 뻗기 런지

(5) 백 대각선 런지

(6) 백 런지

• 동작 시 내전근이 조이는 느낌으로 골반기저근에 집중한다. 정력 강화에 탁월한 운동이다.

7. 와이드 스텝 스쿼트

효과 내전근과 골반기저근을 강화한다. 정력 강화에 탁월한
운동이다.

— 양쪽 다리를 벌리면서 가볍
게 점프 스텝 후 다시 돌아온
다. 손 정면 삼각형, 손 머리
위로, 손 앞으로나란히, 양손
벌리기, 손 뒤로 5개 동작을
각 10회씩 총 50회를 반복
한다.

8. 와이드 스쿼트

 내전근과 골반기저근을 강화한다.

— 양쪽 다리를 넓게 벌려 무릎
을 90도로 유지하여 위와 같
이 다방향 손동작과 함께 위
아래로 반복한다. 50회 실시
한다.

9. 스쿼트 점프

 심폐 지구력 향상 및 하체 근력을 강화한다.

― 시작 자세는 손을 정면 삼각
　형을 유지한 스쿼트 자세에
　서 점프하면서 팔을 앞뒤로
　스윙한다. 첫 10회는 가볍
　게, 후반 5회는 높게 점프한
　다. 총 15회 실시한다.

건강을 위한 최고의 선택

부드러운 몸이 만드는 건강, 정적 스트레칭 가이드

세최운의 마무리 단계인 정적 스트레칭은 근육과 힘줄을 의도적으로 늘려 일정 시간 유지하는 운동이다. 이를 통해 관절 가동 범위를 증가시키고 근 손상을 방지하며, 혈액순환과 유연성을 향상시키는 효과가 있다. 어떤 종류의 운동이든 본 운동 후 마무리로 활용할 수 있으며, 평소에 언제나 해도 좋다.

정적 스트레칭의 원칙

자세 – 편안한 상태에서 시작하며, 늘리고자 하는 근육을 정확한 자세로 수행해야 한다.

시간 – 15~30초 동안 반동 없이 부드러운 긴장을 느낄 때까지 유지한다.

호흡 – 천천히 호흡하며, 가동 범위 최고점에서 숨을 내쉬면서 조금씩 범위를 늘려간다.

대표적인 정적 스트레칭 동작

1. 햄스트링 스트레칭

— 양쪽 무릎을 펴고 허리를 편
상태로 가볍게 내린다. 부드
럽게 늘린 끝 지점에서 호흡
을 천천히 내쉬면서 점차적
으로 범위를 늘린다. 숨 내쉬
기를 10회 실시하면 약 20초
이상 소요된다. 모든 스트레
칭 동작은 이 방법으로 실시
한다.

— 한쪽 무릎은 살짝 구부리고,
  반대쪽은 펴서 같은 방법으
  로 실시한다.

3. 다리교차 중둔근 스트레칭

— 오른쪽 다리는 펴고, 왼쪽 다
리를 앞으로 교차하고 양손
은 왼쪽 무릎 바깥쪽에 대고
엉덩이를 오른쪽으로 밀면서
몸통을 왼쪽으로 숙인다. 반
대쪽도 같다. 이때 엉덩이 외
측 특히 중둔근이 늘어나는
느낌을 느껴야 한다.

4. 좁게 사이드 햄스트링 스트레칭

— 오른쪽 무릎은 펴고, 발목을
90도 위로 들고, 오른손은
발끝을 당기고, 왼손은 무릎
위를 가볍게 누르면서 허리
는 펴고, 오른쪽으로 향해 숙
인다. 반대쪽도 같다.

5. 넓게 사이드 햄스트링 스트레칭

— 왼쪽 무릎은 최대한 구부려
 앉고, 오른쪽 무릎은 펴고 최
 대한 늘린다. 허리는 펴고 상
 체는 오른쪽 다리쪽으로 향
 해 숙인다. 반대쪽도 같다.

— 발은 일직선으로 뒤꿈치는
바닥에 밀착한다. 다리와 상
체가 일직선이 되게 앞으로
기울인다. 팔은 자연스럽게
양쪽 골반에 위치한다. 교대
로 실시한다.

7. 대퇴사두근 스트레칭

— 서서 오른쪽 무릎을 뒤쪽으
로 구부려 오른손으로 발등
을 잡아 대퇴사두근을 늘린
다. 이어서 무릎을 10단계에
걸쳐 점점 뒤쪽 위로 올려 장
요근까지 늘린다. 교대로 실
시한다.

— 런지 자세로 양다리가 90도
되도록 하고, 양팔을 벌려 가
슴이 최대한 열리게 하여 견
갑골이 붙이고, 고개를 최대
한 뒤로 젖혀 장요근과 앞쪽
근막 전체를 늘린다. 교대로
실시한다. 굽은 등과 일자목
에 효과적이다.

9. 내전근 스트레칭

— 양 다리를 무릎이 90도 될
   때까지 옆으로 벌리고 양손
   은 무릎에 놓고 체간을 회전
   시켜 내전근과 몸통을 늘린
   다. 교대로 실시한다.

10. 옆구리 스트레칭

— 양손을 머리 위로 올려 깍지
  끼고 옆으로 숙여 늘린다. 교
  대로 실시한다.

— 서서 양팔을 구부려 양옆으
로 들고 고개는 정면을 향하
고 몸통회전 왕복 5회 실시
한다. 이어서 시선과 함께 뒤
쪽 회전을 왕복 5회 실시한
다.

— 반듯이 서서 치골을 위로 올려주고 가슴을 가볍게 펴고 얼굴이 반듯하게 턱을 당기는 '치가턱 자세'을 한다. 양팔을 벌려 팔꿈치가 90도 되도록 하며, 손바닥이 하늘을 보도록 한다. 앞쪽을 스윙할 때는 양손 새끼손가락이 맞닿도록 하고, 뒤로 스윙 시에는 견갑골이 맞닿도록 가슴을 벌리면서 스윙한다.

• 10회 반복한다.

— 양다리를 벌리면서 뛰며, 한 번은 어깨 높이로 양팔을 벌리고, 그 다음은 머리 위로 손뼉을 치는 동작을 교대로 총 10회 반복한다.

가장 좋은 운동

전신의 관절 가동성과 유연성 운동

전신의 근육을 강화하는 다방향 운동

코어를 중심으로 한 상·하지 운동

전신 혈액 순환에 좋은 하체 운동

전신 정렬을 바르게 잡아주는 체형 교정 운동

균형감각을 키우는 밸런스 운동

심폐 체력을 위한 유산소 운동

민첩성과 순발력 강화 운동

이러한 기능적인 운동들은 **액티브**한 **코어**를 만들어 준다!

센터를 방문하는 회원들, 주위 사람들이 자주 묻는다. "아프지 않으려면 어떻게 해야 돼요? 아프면 너무 힘들어요, 건강하고 싶어요." 내가 하는 답변은 항상 같다. "여러분이 하는 모든 생각과 행동 습관이 여러분을 만듭니다. 우리 몸은 거짓말을 하지 않습니다. 지금부터 노력하시면 안 아프고, 건강해질 수 있습니다." 이 말을 더 많은 사람들에게 알려주기 위해 이 책을 쓰게 되었다.

사르트르는 "인생은 B와 D 사이의 C다. 태어남(Birth)과 죽음(Death) 사이에는 '선택(Choice)'이 있다." 그리고 티베트의 스승인, 롭상 스님은 "인생은 결국 단 하루다. 하루에 태어나고, 하루를 살고, 하루에 죽는다. 오늘이 바로 전부다." 이 두 사람의 말은 같은 방향을 가리킨다.

"오늘은 운동을 쉴까?"

"오늘은 그냥 패스트푸드로 때울까?"

"오늘은 늦게 자도 괜찮겠지?"

이런 질문들 속에서 우리는 매일 건강과 병의 길 사이에 서 있다. 우리의 인생은 '하루 동안 어떤 선택을 하느냐'에 달려 있다는 것이다. 오늘의 선택이 곧 인생의 방향을 결정한다. 건강도 마찬가지다. 건강은 먼 미래에 도달하는 목표가 아니라, 오늘 내가 내리는 작은 선택들의 합이다.

나는 이 세상 그 무엇과도 바꿀 수 없는 존재다. 우주 전체에서 오직 하나뿐인 존재다. 내 주변의 사람, 재물, 지위, 환경 그 모든 것보다 나는 더 소중하다. 그 모든 것들은 결국 나를 위해 존재하는 도구일 뿐이다. 그렇다면 이제 선택해야 한다. 내 몸과 마음을 살리는 방향으로. 우리는 자유롭다. 오늘 어떤 음식을 먹을지, 어떤 자세로 앉을지, 어떤 마음으로 하루를 살지는, 우리의 자유다. 그러나 자유에는 책임이 따른다. 내가 오늘 게으름을 선택했다면, 그 결과는 내일의 몸이 책임진다. 내가 오늘 운동과 균형 잡힌 식사를 선택했다면, 그것 또한 내일의 나에게 돌아온다. 건강은 타고나는 것이 아니라 선택하고 만들어 가는 과정이다.

이 책을 쓸 수 있었던 이유는 전북카네기클럽을 만나면서부터다. 카네기에 입문시켜 주신 이현충 회장님, 처음 책쓰기를 권유해 주신 김순이 선배 작가님, 많은 가르침을 주신 유길문 카네기 원장님, 자상하게 지도해 주신 백명숙 코치님, 함께 한 포틴클럽, 그 외에 도움을 주신 모든 분들에게 고개 숙여 깊은 감사의 말씀을 드립니다.

이 책을 읽는 모든 분들이 항상 많이 웃고, 좋은 거 먹고, 잘 자고, 꾸준히 운동하여 하루하루 건강을 위한 최고의 선택을 하길!

참고문헌

Part 1 | 소중한 내 건강 지키기

1. 건강을 지키는 것만큼 중요한 것은 없다

- World Health Organization. (2015). World report on ageing and health. World Health Organization.
- Kreiner, D. S., et al. (2014). Evidence-based clinical guidelines for multidisciplinary spine care. The Spine Journal, 14(1), 180–191.
- McGill, S. M. (2015). Low back disorders: Evidence-based prevention and rehabilitation (3rd ed.). Human Kinetics.
- George, S. Z., et al. (2021). Interventions for the management of acute and chronic low back pain. Journal of Orthopaedic & Sports Physical Therapy, 51(11), CPG1–CPG60.\

2. 체력과 운동은 인생의 기본이다

- Kodama, S., et al. (2009). Cardiorespiratory fitness as a quantitative predictor of all-cause mortality. JAMA, 301(19), 2024–2035.
- Booth, F. W., Roberts, C. K., & Laye, M. J. (2012). Lack of exercise is a major cause of chronic diseases. Comprehensive Physiology, 2(2), 1143–1211.
- Cruz-Jentoft, A. J., et al. (2019). Sarcopenia: Revised European consensus. Age and Ageing, 48(1), 16–31.
- Stamatakis, E., et al. (2018). Cardiorespiratory fitness and mortality. European Journal of Preventive Cardiology, 25(9), 934–943.
- World Health Organization. (2020). Guidelines on physical activity and sedentary behaviour.

3. 무심코 앉는 그 자세, 당신의 몸을 망치고 있다

- Katzmarzyk, P. T., et al. (2009). Sitting time and mortality from all causes. Medicine & Science in Sports & Exercise, 41(5), 998–1005.
- O'Sullivan, P. B. (2005). Lumbar segmental instability. Manual Therapy, 10(1), 2–14.
- Nair, S., et al. (2015). Effect of posture on stress. Health Psychology Research, 3(1), 2125.
- Hedge, A. (2016). Ergonomic workplace design. CRC Press.
- 바이바 크레건리드, 박한선 해재, 고현석 옮김, 《의자의 배신: 편리함은 어떻게 인류를 망가뜨리는가》, 아르테, 2020.
- 리처드 브레넌, 최현묵, 백희숙 옮김, 《자세를 바꾸면 인생이 바뀐다: 내 몸의 긴장을 자유롭게 하는 법》, 물병자리, 2012.

4. 유산소 운동이냐, 근력 운동이냐?

- Li R, Xia J, Zhang X, et al. Associations of muscle mass and strength with all-cause mortality among US older adults. J Gerontol A Biol Sci Med Sci. 2018;73(4):539–544.
- Blackwell. DL. and Clarke, T.C. (2018). State variation in meeting the 2008 federal guidelines for

both aerobic and muscle-strengthening activities through leisure-time physical activity among adults aged 18-64: United States, 2010 2015. Natl. Health Stat. Rep. 112 (June), 1-22.
- Wen, C. P., et al. (2011). Minimum amount of physical activity for reduced mortality. The Lancet, 378(9798), 1244-1253.
- World Health Organization. (2020). Guidelines on physical activity and sedentary behaviour. World Health Organization.
- Pedersen, B. K., & Saltin, B. (2015). Exercise as medicine. Scandinavian Journal of Medicine & Science in Sports, 25(S3), 1-72.
- Lee, I. M., et al. (2012). Effect of physical inactivity on major non-communicable diseases. The Lancet, 380(9838), 219-229.
- Mandsager, K., et al. (2018). Association of cardiorespiratory fitness with long-term mortality. JAMA Network Open, 1(6), e183605. https://doi.org/10.1001/jamanetworkopen.2018.3605
- Srikanthan, P., & Karlamangla, A. S. (2014). Muscle mass index as a predictor of longevity. American Journal of Medicine, 127(6), 547-553.
- Newman, A. B., et al. (2006). Strength and muscle mass in relation to mortality. Journal of the American Geriatrics Society, 54(8), 1210-1217.
- Brown, M., & Sinacore, D. R. (2012). Bed rest-induced muscle weakness. Journal of Applied Physiology, 113(1), 27-35.
- 피터 아티아, 빌 기퍼드, 이한음 옮김, 《질병 해방》, 부·키, 2012.

5. 코어 운동, 건강을 위한 가장 확실한 투자

- Kibler, W. B., Press, J., & Sciascia, A. (2006). The role of core stability in athletic function. Sports Medicine, 36(3), 189-198.
- McGill, S. M. (2015). Low back disorders: Evidence-based prevention and rehabilitation (3rd ed.). Human Kinetics.
- O'Sullivan, P. B. (2005). Lumbar segmental instability. Manual Therapy, 10(1), 2-14.
- Granacher, U., et al. (2013). Effects of core strength training on balance and mobility in older adults. Gerontology, 59(2), 105-113.

6. 골반기저근이 약하면 기저귀 찬다!

- Bo, K., Sherburn, M., & Allen, T. (2003). Transabdominal ultrasound measurement of pelvic floor muscle activity. Neurourology and Urodynamics, 22(3), 254-259.
- Standring, S. (2021). Gray's anatomy: The anatomical basis of clinical practice (42nd ed.). Elsevier.
- Bordoni, B., & Zanier, E. (2013). Anatomic connections of the diaphragm. Journal of Multidisciplinary Healthcare, 6, 281-291.
- Dorey, G., et al. (2004). Pelvic floor muscle exercises for erectile dysfunction. BJU International, 93(5), 607-611.

7. 최고의 명약, 마이오카인(Myokine)

- Pedersen, B. K., & Febbraio, M. A. (2012). Muscles, exercise and obesity: Skeletal muscle as a secretory organ. Nature Reviews Endocrinology, 8(8), 457–465.

- Pedersen, B. K. (2011). Muscles and their myokines. Journal of Experimental Biology, 214(2), 337–346.
- Whitham, M., & Febbraio, M. A. (2016). The ever-expanding myokinome. Physiological Reviews, 96(2), 551–594.
- Boström, P., et al. (2012). A PGC1-α–dependent myokine that drives brown-fat-like development of white fat. Nature, 481(7382), 463–468.
- Huh, J. Y. (2018). The role of exercise-induced myokines. Diabetes & Metabolism Journal, 42(1), 1–11.
- Raschke, S., & Eckel, J. (2013). Adipo-myokines. Diabetologia, 56(8), 1643–1655.

8. 하체 근육이 건강하고 활기찬 삶의 열쇠

- Janssen, I., et al. (2000). Skeletal muscle mass and distribution in aging. Journal of Applied Physiology, 89(1), 81–88.
- Rubenstein, L. Z. (2006). Falls in older people. Age and Ageing, 35(S2), ii37–ii41.
- Haentjens, P., et al. (2010). Meta-analysis: Excess mortality after hip fracture. Annals of Internal Medicine, 152(6), 380–390.
- Newman, A. B., et al. (2006). Association of long-distance corridor walk performance with mortality. Journal of the American Geriatrics Society, 54(6), 972–979.
- Studenski, S., et al. (2011). Gait speed and survival in older adults. JAMA, 305(1), 50–58.
- Padberg, F. T., et al. (2004). The physiology of the calf muscle pump. Journal of Vascular Surgery, 40(1), 90–97.
- Mitchell, W. K., et al. (2012). Sarcopenia, dynapenia. Age and Ageing, 41(6), 721–727.
- Cruz-Jentoft, A. J., et al. (2019). Sarcopenia: Revised European consensus. Age and Ageing, 48(1), 16–31.
- DeFronzo, R. A., & Tripathy, D. (2009). Skeletal muscle insulin resistance. Diabetes Care, 32(S2), S157–S163.

9. 조가비핵 — 자동화된 운동 습관의 비밀

- Pedersen, B. K., & Saltin, B. (2015). Exercise as medicine. Scandinavian Journal of Medicine & Science in Sports, 25(S3), 1–72.
- Baumeister, R. F., et al. (1998). Ego depletion. Journal of Personality and Social Psychology, 74(5), 1252–1265.
- Foster, N. E., et al. (2018). Prevention and treatment of low back pain. The Lancet, 391(10137), 2368–2383.
- Lally, P., van Jaarsveld, C. H. M., Potts, H. W. W., & Wardle, J. (2010). How are habits formed? European Journal of Social Psychology, 40(6), 998–1009.
- Koseki, T., et al. (2019). Effect of forward head posture on respiratory function. Journal of Physical Therapy Science, 31(1), 63–68.

- George, S. Z., et al. (2021). Clinical practice guidelines for low back pain. Journal of Orthopaedic & Sports Physical Therapy, 51(11), CPG1–CPG60.

11. 돌멩이와의 전쟁, 예방으로 승리하자

- Bodenheimer, T., Lorig, K., Holman, H., & Grumbach, K. (2002). Patient self-management of chronic disease. JAMA, 288(19), 2469–2475.
- Woolf, S. H., et al. (2007). The impact of preventive services. American Journal of Preventive Medicine, 32(5), 394–407.
- World Health Organization. (2016). Report of the Commission on Ending Childhood Obesity.

Part 2 | 운동으로 이룬 기적

1. 희망을 잃은 환자의 재활 이야기

- Friel, K. M., & Martin, J. H. (2007). Recovery of motor function. Nature Reviews Neuroscience, 8(7), 545–556.
- Krakauer, J. W., et al. (2017). Motor learning and recovery. Neuron, 96(1), 45–61.
- Moseley, G. L., & Butler, D. S. (2015). Fifteen years of explaining pain. Journal of Pain, 16(9), 807–813.

3. 예쁜 옷을 입을 수 있어요

- Negrini, S., et al. (2018). 2016 SOSORT guidelines: Orthopaedic and rehabilitation treatment of idiopathic scoliosis. Scoliosis and Spinal Disorders, 13, 3.
- Konieczny, M. R., et al. (2013). Epidemiology of adolescent idiopathic scoliosis. Journal of Children's Orthopaedics, 7(1), 3–9.
- Romano, M., et al. (2023). Exercise-based interventions for idiopathic scoliosis. Clinical Biomechanics, 104, 105941.
- Zaina, F., et al. (2015). Specific exercises reduce scoliosis progression. European Journal of Physical and Rehabilitation Medicine, 51(4), 389–397.

5. 인생을 바꾼 액티브코어 운동센터

- Lauersen, J. B., et al. (2014). Effectiveness of exercise interventions in injury prevention. British Journal of Sports Medicine, 48(11), 871–877.
- Emery, C. A., & Meeuwisse, W. H. (2010). Neuromuscular training and injury prevention. British Journal of Sports Medicine, 44(1), 44–48.

Part 3 | 잘 먹기

1. 잘 먹고, 잘 쓰자 – 건강한 식습관과 에너지 활용법

- Satija, A., & Hu, F. B. (2018). Plant-based diets. Journal of the American College of Cardiology, 70(4), 411–422.

- Srour, B., et al. (2019). Ultra-processed food intake and mortality. JAMA Internal Medicine, 179(4), 490-498.
- Monteiro, C. A., et al. (2019). Ultra-processed foods. Public Health Nutrition, 22(5), 936-941.
- Lane, M. M., et al. (2022). Ultra-processed food and mental health. Public Health Nutrition, 25(4), 951-961.
- Morris, M. C., et al. (2015). MIND diet and cognitive decline. Alzheimer's & Dementia, 11(9), 1007-1014.
- Morris, M. C., et al. (2015). MIND diet associated with reduced Alzheimer's disease. Alzheimer's & Dementia, 11(9), 1015-1022.
- 김성훈, 이재훈, 박영수 외. 한국 전통 식단과 대사증후군의 연관성. 저널 오브 에스닉 푸드. 2014;1(1):4-9.
- 송수진, 송우오, 송영희. 한국인의 식이 패턴과 만성질환의 관련성. 뉴트리언츠. 2018;10(6):764.
- Hall, K. D., et al. (2012). Energy balance and obesity. The Lancet, 378(9793), 826-837.
- 정희원. 《느리게 나이드는 습관》. 서울: 21세기북스, 2023.

2. 단백질이 부족하면 아무리 먹어도 약해진다

- Wolfe, R. R. (2017). Skeletal muscle protein metabolism. American Journal of Clinical Nutrition, 105(4), 921-927.
- Deutz, N. E. P., et al. (2014). Protein intake and muscle health. Clinical Nutrition, 33(6), 929-936.
- Moore, D. R., et al. (2015). Protein ingestion and muscle protein synthesis. Journal of Nutrition, 145(3), 528-536.
- Phillips, S. M. (2017). Current concepts in protein nutrition. Applied Physiology, Nutrition, and Metabolism, 42(11), 1197-1204.

3. 언제 어떻게 먹느냐가 더 중요하다

- Ludwig, D. S. (2002). Glycemic index and obesity. JAMA, 287(18), 2414-2423.
- Imai, S., et al. (2018). Eating vegetables before carbohydrates. BMJ Open Diabetes Research & Care, 6(1), e000440.
- Leidy, H. J., et al. (2015). Protein and appetite control. American Journal of Clinical Nutrition, 101(6), 1320S-1329S.
- Shukla, A. P., et al. (2015). Carbohydrate-last meal pattern. Diabetes Care, 38(7), e98-e99.

4. 식욕을 다스리는 뇌 사용법

- Volkow, N. D., & Wise, R. A. (2005). How can drug addiction help us understand obesity? Nature Neuroscience, 8(5), 555-560.
- Berthoud, H. R. (2011). Metabolic and hedonic drives in the neural control of appetite. Physiology & Behavior, 104(1), 56-61.
- Morton, G. J., et al. (2006). Central nervous system control of food intake. Nature, 443(7109), 289-295.
- Adam, T. C., & Epel, E. S. (2007). Stress, eating and reward system. Physiology & Behavior, 91(4), 449-458.

5. 당신의 장(腸)이 당신의 기분을 바꾼다

- Furness, J. B. (2012). The enteric nervous system. Nature Reviews Gastroenterology & Hepatology, 9(5), 286–294.
- Cryan, J. F., & Dinan, T. G. (2012). Mind–altering microorganisms. Nature Reviews Neuroscience, 13(10), 701–712.
- Yano, J. M., et al. (2015). Indigenous bacteria regulate serotonin biosynthesis. Cell, 161(2), 264–276.
- Bonaz, B., et al. (2018). The vagus nerve at the interface of the microbiota–gut–brain axis. Frontiers in Neuroscience, 12, 49.
- Messaoudi, M., et al. (2011). Assessment of psychotropic–like properties of probiotics. British Journal of Nutrition, 105(5), 755–764.
- Steenbergen, L., et al. (2015). Probiotics reduce anxiety. Brain, Behavior, and Immunity, 48, 258–264.

6. 현명한 다이어트 – 건강하고 지속 가능한 몸 만들기

- Dulloo, A. G., et al. (2015). Adaptive thermogenesis. Obesity Reviews, 16(1), 7–18.
- Heymsfield, S. B., et al. (2014). Body composition measurement. American Journal of Clinical Nutrition, 99(1), 1–7.
- De Lorenzo, A., et al. (2016). Normal–weight obesity. Nutrition, Metabolism & Cardiovascular Diseases, 26(8), 665–673.
- Shukla, A. P., et al. (2015). Food order and glycemic control. Diabetes Care, 38(7), e98–e99.

7. 뱃살은 습관의 결과, 근육은 최고의 해답이다

- Després, J. P. (2012). Body fat distribution and risk. Nature Reviews Cardiology, 9(9), 469–481.
- Garaulet, M., et al. (2013). Meal timing and obesity. International Journal of Obesity, 37(4), 604–611.
- DiPietro, L., et al. (2013). Walking after meals. Diabetes Care, 36(10), 3262–3268.
- Strasser, B., & Schobersberger, W. (2011). Resistance training and metabolic syndrome. Sports Medicine, 41(6), 489–511.
- Spiegel, K., et al. (2004). Sleep loss and metabolism. Lancet, 354(9188), 1435–1439.

8. 물은 최고의 선물이다

- Popkin, B. M., et al. (2010). Water, hydration, and health. Nutrition Reviews, 68(8), 439–458.
- Sawka, M. N., et al. (2007). Exercise and fluid replacement. Medicine & Science in Sports & Exercise, 39(2), 377–390.
- Judelson, D. A., et al. (2007). Hydration and muscular strength. Journal of Strength and Conditioning Research, 21(3), 1088–1094.
- Casa, D. J., et al. (2010). National Athletic Trainers' Association position statement: Fluid replacement. Journal of Athletic Training, 45(3), 332–345.

- American College of Sports Medicine. (2007). Exercise and fluid replacement. Medicine & Science in Sports & Exercise, 39(2), 377–390.
- McRorie, J. W., et al. (2014). Effects of fiber and fluid on constipation. Nutrition Today, 49(2), 82–89.

Part 4 | 잘 자기

1. 잠은 몸을 위한 최고의 충전이다

- Spiegel, K., et al. (2005). Impact of sleep debt on metabolic and endocrine function. The Lancet, 354(9188), 1435–1439.
- Irwin, M. R. (2015). Why sleep is important for health. Psychosomatic Medicine, 77(2), 136–145.
- Rasch, B., & Born, J. (2013). About sleep's role in memory. Physiological Reviews, 93(2), 681–766.
- Brown, R. P., & Gerberg, P. L. (2005). Sudarshan Kriya yogic breathing. Journal of Alternative and Complementary Medicine, 11(4), 711–717.
- Zaccaro, A., et al. (2018). How breath-control can change your life. Frontiers in Human Neuroscience, 12, 353.

2. 꿈은 뇌가 말을 거는 방식이다 – 꿈과 감정 정리의 과학

- Hobson, J. A., et al. (2000). Dreaming and the brain. Behavioral and Brain Sciences, 23(6), 793–842.
- Goldstein, A. N., & Walker, M. P. (2014). The role of sleep in emotional brain function. Annual Review of Clinical Psychology, 10, 679–708.
- Rasch, B., & Born, J. (2013). About sleep's role in memory. Physiological Reviews, 93(2), 681–766.
- Hartmann, E. (2011). The nature and functions of dreaming. Oxford University Press.

3. 수면과 운동 – 언제 자고, 언제 움직여야 할까?

- Kredlow, M. A., et al. (2015). The effects of physical activity on sleep. Journal of Behavioral Medicine, 38(3), 427–449.
- Youngstedt, S. D., et al. (2019). Exercise timing and sleep. Sleep Medicine Reviews, 43, 71–84.
- Stutz, J., et al. (2019). Effects of evening exercise on sleep. Sports Medicine, 49(2), 269–287.
- Buxton, O. M., et al. (2012). Sleep, circadian rhythms, and exercise. Progress in Cardiovascular Diseases, 54(5), 391–396.

Part 5 | 마음먹기

1. 생각을 지배해라

- Davidson RJ, McEwen BS. 스트레스와 웰빙 개입이 신경가소성에 미치는 영향. Nature Neuroscience. 2012;15(5):689–695.
- 도이지 N. 《스스로 변화하는 뇌》. 뉴욕: 바이킹 프레스, 2007.
- 정희원. 《느리게 나이드는 습관》. 서울: 21세기북스, 2023.

2. 마음먹기가 바꾸는 몸과 삶의 변화

- Barrett, L. F. (2017). How Emotions Are Made. Houghton Mifflin Harcourt.
- Friston, K. (2010). The free-energy principle. Nature Reviews Neuroscience, 11(2), 127–138.Atlas, L. Y., & Wager, T. D. (2014). A meta-analysis of placebo analgesia. Neuron, 84(2), 314–332.
- Hashmi, J. A., et al. (2012). Shape of placebo analgesia in the brain. Journal of Neuroscience, 32(37), 12970–12977.
- Geers, A. L., et al. (2010). Dispositional optimism and placebo response. Journal of Psychosomatic Research, 68(5), 497–505.
- Kiecolt-Glaser, J. K., et al. (2015). Stress, inflammation, and health. Psychological Bulletin, 141(4), 774–815.
- McEwen, B. S. (2007). Physiology and neurobiology of stress. Physiological Reviews, 87(3), 873–904.

3. 스트레스, 내가 만든 감옥이자 내가 가진 열쇠다

- McEwen, B. S. (2007). Physiology and neurobiology of stress. Physiological Reviews, 87(3), 873–904.
- Cohen, S., et al. (2012). Chronic stress and disease. JAMA, 298(14), 1685–1687.
- Cryan, J. F., & Dinan, T. G. (2012). Mind-altering microorganisms. Nature Reviews Neuroscience, 13(10), 701–712.
- Lundberg, U. (2005). Stress hormones in health and illness. Psychoneuroendocrinology, 30(10), 1017–1031.
- Mayer, E. A. (2011). Gut feelings. Nature Reviews Neuroscience, 12(8), 453–466.
- Lupien, S. J., et al. (2009). Effects of stress throughout the lifespan. Nature Reviews Neuroscience, 10(6), 434–445.

4. 움직임이 신경계를 치유한다

- Schleip, R., et al. (2012). Fascia as a sensory organ. Journal of Bodywork & Movement Therapies, 16(4), 496–502.
- Zaccaro, A., et al. (2018). How breath-control modulates brain function. Frontiers in Human Neuroscience.
- Davidson, R. J., & McEwen, B. S. (2012). Social influences on neuroplasticity. Nature Neuroscience.

5. HIIT로 스트레스를 한 방에 날리자

- Gibala, M. J., et al. (2012). Physiological adaptations to HIIT. Journal of Physiology, 590(5), 1077–1084.
- Buchheit, M., & Laursen, P. B. (2013). High-intensity interval training. Sports Medicine, 43(5), 313–338.
- Maass, A., et al. (2015). Vascular hippocampal plasticity after exercise. PNAS.
- Vidoni, E. D., et al. (2015). Exercise and memory in older adults. Neurobiology of Aging.

- Heisz, J. J., et al. (2016). HIIT improves stress resilience. Journal of Affective Disorders, 190, 559–567.

6. 마인드풀 요가 – 스트레스를 잠재우는 부드러운 움직임

- Gard, T., et al. (2014). Yoga and mindfulness. Frontiers in Human Neuroscience.
- Hölzel, B. K., et al. (2011). Mindfulness and emotion regulation. Psychiatry Research.
- Smith, C., et al. (2007). Yoga for stress and anxiety. Journal of Alternative and Complementary Medicine.
- Cramer, H., et al. (2013). Yoga for anxiety disorders. Depression and Anxiety.

7. 호흡 혁명 – 건강과 행복을 위한 숨쉬기 비법

- Porges SW. The polyvagal theory: Neurophysiological foundations of emotions, attachment, communication, and self-regulation. New York: W.W. Norton & Company; 2011.
- West JB. Respiratory physiology: The essentials. 9th ed. Philadelphia (PA): Lippincott Williams & Wilkins; 2012.
- Brown RP, Gerbarg PL. Sudarshan Kriya yogic breathing in the treatment of stress, anxiety, and depression: Part I—neurophysiologic model. J Altern Complement Med. 2005;11(1):189–201.
- Tang YY, Ma Y, Wang J, Fan Y, Feng S, Lu Q, et al. Short-term meditation training improves attention and self-regulation. Proc Natl Acad Sci U S A. 2007;104(43):17152–17156.
- Lundberg JO, Weitzberg E, Lundberg JM, Alving K. Nitric oxide in exhaled air. Lancet. 1994;344(8913):263–266.
- Courtney R. The functions of breathing and its dysfunctions and their relationship to breathing therapy. J Bodyw Mov Ther. 2009;13(1):9–17.
- Zaccaro A, Piarulli A, Laurino M, Garbella E, Menicucci D, Neri B, et al. How breath-control can change your life: A systematic review on psycho-physiological correlates of slow breathing. Front Hum Neurosci. 2018;12:353.
- 틱낫한. 정윤희 옮김. 《삶의 지혜》. 서울: 불광출판사, 2015.

Part 6 │ 유산소 운동 가이드

1. 걷기가 만병통치약은 아니다

- Lee IM, Shiroma EJ, Lobelo F, Puska P, Blair SN, Katzmarzyk PT. Effect of physical inactivity on major non-communicable diseases worldwide: An analysis of burden of disease and life expectancy. JAMA Intern Med. 2012;172(10):809–815.
- Saint-Maurice PF, Troiano RP, Bassett DR Jr, Graubard BI, Carlson SA, Shiroma EJ, et al. Association of daily step count and step intensity with mortality among US adults. JAMA. 2020;323(12):1151–1160.
- Warburton DER, Nicol CW, Bredin SSD. Health benefits of physical activity: The evidence. CMAJ. 2006;174(6):801–809.
- Katz JN, Lumbar disc disorders and low-back pain: Socioeconomic factors and consequences.

Spine. 2006;31(11):S9–S12.
- Hodges PW, Richardson CA. Inefficient muscular stabilization of the lumbar spine associated with low back pain: A motor control evaluation of transversus abdominis. Spine. 1996;21(22):2640–2650.
- Perry J, Burnfield JM. Gait analysis: Normal and pathological function. 2nd ed. Thorofare (NJ): SLACK Incorporated; 2010.
- Powers CM. The influence of abnormal hip mechanics on knee injury: A biomechanical perspective. J Orthop Sports Phys Ther. 2010;40(2):42–51.

2. 이상적인 걷기 운동 방법

- McGill SM. Low back disorders: Evidence-based prevention and rehabilitation. 2nd ed. Champaign (IL): Human Kinetics; 2007.
- Neumann DA. Kinesiology of the musculoskeletal system: Foundations for rehabilitation. 3rd ed. St. Louis (MO): Elsevier; 2016.
- Pontzer H, Raichlen DA, Sockol MD. The metabolic cost of walking in humans. J Exp Biol. 2009;212(Pt 4):523–530.
- Kang HG, Dingwell JB. Separating the effects of age and walking speed on gait variability. J Biomech. 2008;41(14):2899–2905.
- American College of Sports Medicine. ACSM's guidelines for exercise testing and prescription. 11th ed. Philadelphia (PA): Wolters Kluwer; 2021.
- 기데라 에이시. 지소연 옮김. 《걷는 법을 바꾸면 통증이 사라진다》. 서울: 길벗, 2023.

3. 걷기를 위한 몸 만들기

- Fradkin AJ, Gabbe BJ, Cameron PA. Does warming up prevent injury in sport? The evidence from randomised controlled trials. J Strength Cond Res. 2010;24(1):140–148.
- Behm DG, Chaouachi A. A review of the acute effects of static and dynamic stretching on performance. Eur J Appl Physiol. 2011;111(11):2633–2651.
- Powers CM. The influence of abnormal hip mechanics on knee injury: A biomechanical perspective. J Orthop Sports Phys Ther. 2010;40(2):42–51.
- Hodges PW. Core stability exercise in chronic low back pain. J Electromyogr Kinesiol. 2005;15(1):3–11.
- Sherrington C, Whitney JC, Lord SR, Herbert RD, Cumming RG, Close JCT. Effective exercise for the prevention of falls: A systematic review and meta-analysis. Br J Sports Med. 2011;45(8):670–676.
- Hausdorff JM. Gait dynamics, fractals and falls: Finding meaning in the stride-to-stride fluctuations of human walking. J Appl Physiol. 2007;102(3):927–935.

4. 몸과 마음을 깨우는 최고의 운동, 달리기

- Lee DC, Pate RR, Lavie CJ, Sui X, Church TS, Blair SN. Leisure-time running reduces all-cause and cardiovascular mortality risk. J Am Coll Cardiol. 2014;64(5):472–481.

- Blair SN, Kohl HW 3rd, Paffenbarger RS Jr, Clark DG, Cooper KH, Gibbons LW. Physical fitness and all-cause mortality: A prospective study of healthy men and women. JAMA. 1989;262(17):2395-2401.
- LaForgia J, Withers RT, Gore CJ. Effects of exercise intensity and duration on the excess post-exercise oxygen consumption. Sports Med. 2006;36(11):941-956.
- Tremblay A, Després JP, Leblanc C, Craig CL, Ferris B, Stephens T, et al. Effect of intensity of physical activity on body fatness and fat distribution. Metabolism. 1994;43(7):814-818.
- Novacheck TF. The biomechanics of running. Gait Posture. 1998;7(1):77-95.
- Kohrt WM, Bloomfield SA, Little KD, Nelson ME, Yingling VR. Physical activity and bone health. Med Sci Sports Exerc. 2004;36(11):1985-1996.
- Babyak M, Blumenthal JA, Herman S, Khatri P, Doraiswamy M, Moore K, et al. Exercise treatment for major depression: Maintenance of therapeutic benefit at 10 months. Psychosom Med. 2000;62(5):633-638.
- World Health Organization. WHO guidelines on physical activity and sedentary behaviour. Geneva: World Health Organization; 2020.

5. 건강을 위한 완벽한 달리기 전략

- Novacheck TF. The biomechanics of running. Gait Posture. 1998;7(1):77-95.
- Lieberman DE, Bramble DM, Raichlen DA, Shea JJ. Endurance running and the evolution of Homo. Nature. 2010;463(7280):531-535.
- Heiderscheit BC, Chumanov ES, Michalski MP, Wille CM, Ryan MB. Effects of step rate manipulation on joint mechanics during running. Med Sci Sports Exerc. 2011;43(2):296-302.
- Nigg BM, Baltich J, Hoerzer S, Enders H. Running shoes and running injuries: mythbusting and a proposal for two new paradigms. Br J Sports Med. 2015;49(20):1290-1294.
- Pontzer H, Raichlen DA, Sockol MD. The metabolic cost of walking and running in humans. J Exp Biol. 2009;212(Pt 5):746-755.
- Nielsen RO, Buist I, Sørensen H, Lind M, Rasmussen S. Training errors and running related injuries: a systematic review. Br J Sports Med. 2012;46(4):235-240.
- American College of Sports Medicine. ACSM's Guidelines for Exercise Testing and Prescription. 11th ed. Philadelphia: Wolters Kluwer; 2022.
- 남혁우. 《달리기의 모든 것》. 매일경제신문사, 2022.

6. 자연과 건강을 동시에 잡는 최고의 운동, 등산

- American College of Sports Medicine. ACSM's Guidelines for Exercise Testing and Prescription. 11th ed. Philadelphia: Wolters Kluwer; 2021.
- Li Q. Effect of forest bathing on human immune function. Environ Health Prev Med. 2010;15(1):9-17.
- Park BJ, Tsunetsugu Y, Kasetani T, Kagawa T, Miyazaki Y. The physiological effects of forest recreation: a systematic review. Int J Environ Res Public Health. 2010;7(10):3869-3887.
- Lay AN, Hass CJ, Gregor RJ. The effects of sloped surfaces on locomotion: an electromyographic

analysis. J Biomech. 2007;40(6):1276–1285.
- Gottschall JS, Kram R. Energy cost and muscular activity required for walking uphill and downhill. J Exp Biol. 2005;208(Pt 6):1123–1131.
- 정덕환 외. (2011). 산림활동이 정서 안정에 미치는 영향. 한국산림휴양학회지.

7. 등산 전후 준비 운동 및 회복 루틴

- Behm DG, Chaouachi A. A review of the acute effects of static and dynamic stretching on performance. Eur J Appl Physiol. 2011;111(11):2633–2651.
- Kendall FP, McCreary EK, Provance PG, Rodgers MM, Romani WA. Muscles: Testing and Function with Posture and Pain. 5th ed. Baltimore: Lippincott Williams & Wilkins; 2005.
- Escamilla RF, Zheng N, MacLeod TD, Imamura R, Edwards WB, Hreljac A, et al. Patellofemoral joint force and stress during the forward and backward lunge. J Strength Cond Res. 2012;26(5):1205–1215.
- Cheung K, Hume PA, Maxwell L. Delayed onset muscle soreness: treatment strategies and performance factors. Sports Med. 2003;33(2):145–164.
- Ivy JL. Regulation of muscle glycogen repletion, muscle protein synthesis and repair following exercise. Am J Clin Nutr. 2004;79(5 Suppl):S147–S156.
- Sawka MN, Burke LM, Eichner ER, Maughan RJ, Montain SJ, Stachenfeld NS. American College of Sports Medicine position stand: Exercise and fluid replacement. Med Sci Sports Exerc. 2007;39(2):377–390.

Part 7 | 악력 운동 가이드

1. 장수를 원한다면, 지금 당장 악력부터 키우자

- 김정훈, 허성호. 한국 성인에서 악력과 전체 사망률의 관련성: 인구 기반 코호트 연구. 대한역학회지. 2020;42(3):145–154.
- 정희원. 노년내과 교과서 및 노쇠 관련 강의 자료. 서울아산병원 노년내과.
- Leong, D. P., et al. (2015). Prognostic value of grip strength: findings from the PURE study. The Lancet, 386(9990), 266–273. → 17개국, 14만 명 이상 대상, 악력 감소는 사망·심혈관 질환·뇌졸중 위험 증가와 직접 연관
- Rossi, A. P., et al. (2017). Handgrip strength and mortality in older adults. Journal of the American Medical Directors Association, 18(2), 167–173.
- Malhotra, R., et al. (2020). Handgrip strength and all-cause mortality in Singapore.
- Cruz-Jentoft, A. J., et al. (2019). Sarcopenia: revised European consensus. Age and Ageing, 48(1), 16–31. → 악력은 근감소증 진단의 핵심 지표

2. 잡는 힘이 곧 사는 힘이다 – 일상을 바꾸는 악력의 비밀

- 윤동현 외. (2017). 노인 한국인에서 악력과 인지 기능의 관련성. BMC 노인의학(BMC Geriatrics), 17, 238.
- Bohannon, R. W. (2008). Hand-grip dynamometry predicts future outcomes in aging adults. Journal of Geriatric Physical Therapy, 31(1), 3–10.

- Cho, Y., et al. (2018). Handgrip strength and walking speed in older adults. Archives of Gerontology and Geriatrics, 76, 25–30.
- Kuehn, E., et al. (2018). Hand motor activity and cortical activation. NeuroImage, 172, 162–170.

3. 철봉 하나면 충분하다 – 최고의 전신 운동, 매달리기 루틴

- Bohannon, R. W. (2019). Grip strength: An indispensable biomarker for older adults. Clinical Interventions in Aging, 14, 1681–1691.
- Kibler, W. B., et al. (2013). The role of the scapula in athletic shoulder function.
- American Journal of Sports Medicine, 41(3), 615–626.
- 최병국 외. (2015). 척추 감압 치료가 요통 환자에게 미치는 효과. 물리치료과학저널(Journal of Physical Therapy Science), 27권(10호), 3193–3196.

Part 8 | 부위별 운동 가이드

1. 허리 건강을 위한 운동 가이드

- Hoy, D., et al. (2014). The global prevalence of low back pain. Annals of the Rheumatic Diseases, 73(6), 968–974.
- Andersson, G. B. J. (1999). Epidemiological features of chronic low-back pain. The Lancet, 354(9178), 581–585.
- 한국보건의료연구원 (2017). 요통 진료현황 및 치료 가이드라인 분석 보고서.
- Chou R, et al. Nonpharmacologic therapies for low back pain. Ann Intern Med. 2017;166(7):493–505.
- Weinstein, J. N., et al. (2006). Surgical vs nonoperative treatment for lumbar disc herniation. New England Journal of Medicine, 354(8), 779–790.
- 대한정형외과학회 (2020). 요추 추간판 탈출증 진료지침.
- McGill SM. Low back disorders: evidence-based prevention and rehabilitation. 2nd ed. Champaign: Human Kinetics; 2007.
- American College of Sports Medicine. ACSM's Guidelines for Exercise Testing and Prescription. 11th ed. Wolters Kluwer; 2021.

2. 목 건강을 위한 운동 가이드

- Hansraj KK. Assessment of stresses in the cervical spine caused by posture. Surg Technol Int. 2014;25:277–279.
- Bogduk N. Clinical anatomy of the cervical spine. Spine. 1982;7(1):7–13.
- Falla D, et al. Neck muscle dysfunction in patients with neck pain. J Orthop Sports Phys Ther. 2004;34(8):425–434.
- Gross AR, et al. Exercises for mechanical neck disorders. Cochrane Database Syst Rev. 2015;(1):CD004250.
- Ylinen J, et al. Effect of neck exercises on chronic neck pain. J Rehabil Med. 2003;35(3):105–111.

건강을 위한 최고의 선택

3. 어깨 건강을 위한 운동 가이드

- Neer CS. Impingement lesions. J Bone Joint Surg Am. 1972;54(1):41–50.
- Ludewig PM, Reynolds JF. The association of scapular kinematics and shoulder pathology. J Orthop Sports Phys Ther. 2009;39(2):90–104.
- Lewis JS. Rotator cuff tendinopathy. Br J Sports Med. 2009;43(4):236–241.
- Kuhn JE. Exercise in the treatment of rotator cuff impingement. J Shoulder Elbow Surg. 2009;18(1):138–160.
- Holmgren T, et al. Effect of specific exercise strategy on shoulder impingement. BMJ. 2012;344:e787.

4. 팔꿈치와 손목 건강을 위한 운동 가이드

- Shiri R, Viikari-Juntura E. Lateral epicondylitis: review of personal and occupational risk factors. Sports Med. 2011;41(5):369–391.
- Coombes BK, Bisset L, Vicenzino B. Management of lateral elbow tendinopathy: one size does not fit all. J Orthop Sports Phys Ther. 2015;45(11):938–949.

5. 고관절 건강을 위한 운동 가이드

- Neumann DA. Kinesiology of the hip: a focus on muscular actions. J Orthop Sports Phys Ther. 2010;40(2):82–94.
- Bennell KL, et al. Effect of hip strengthening on knee pain and function in people with knee osteoarthritis. J Orthop Sports Phys Ther. 2010;40(2):45–57.
- Semciw AI, et al. The effect of targeted hip muscle strengthening on pain and function in individuals with hip-related pain: a systematic review. J Orthop Sports Phys Ther. 2016;46(6):462–473.

6. 무릎 건강을 위한 운동 가이드

- Thijs Y, et al. A prospective study on the relationship between muscle strength and knee pain. Arthritis Care Res. 2011;63(10):1351–1357.
- Bennell KL, et al. Exercise and osteoarthritis of the knee: effects on pain and physical function. J Orthop Sports Phys Ther. 2011;41(5):322–333.
- Fransen M, McConnell S. Exercise for osteoarthritis of the knee. Cochrane Database Syst Rev. 2008;(4):CD004376.
- Powers CM. The influence of abnormal lower-extremity mechanics on knee injury. J Orthop Sports Phys Ther. 2010;40(2):42–51.

7. 발목 건강을 위한 운동 가이드

- Hertel J. Functional instability following lateral ankle sprain. Sports Med. 2000;29(5):361–371.
- Gribble PA, et al. The role of ankle instability in lower extremity injury. J Athl Train. 2016;51(6):423–432.

- Freeman MA. Instability of the foot after injuries to the lateral ligament of the ankle. J Bone Joint Surg Br. 1965;47(4):669-677.
- McKeon PO, et al. Balance training improves function and postural control in those with chronic ankle instability. Med Sci Sports Exerc. 2008;40(10):1810-1819.

Part 9 | 생활 운동 가이드

1. 하루 시작과 함께하는 동안 얼굴 가이드

- Berk LS, Tan SA, Fry WF, Napier BJ, Lee JW, Hubbard RW, et al. Neuroendocrine and stress hormone changes during mirthful laughter. Am J Med Sci. 1989;298(6):390-396.
- Fredrickson BL. The broaden-and-build theory of positive emotions. Am Psychol. 2001;56(3):218-226.
- Mora-Ripoll R. The therapeutic value of laughter in medicine. Altern Ther Health Med. 2010;16(6):56-64.
- Tamura E, Nishimura T, Takanashi S, Sato K. Facial muscle exercise improves facial skin elasticity. Skin Res Technol. 2019;25(1):21-27.
- Paes EC, Teepen HJ, Koop WA, Kon M. Facial muscle activity and aging. Clin Interv Aging. 2007;2(3):411-418.
- Kim IH, Kim TY, Ko YW. Effects of scalp massage on stress hormones and blood pressure. J Phys Ther Sci. 2016;28(10):2709-2712.
- De Laat A, Stappaerts K, Papy S. Counseling and physical therapy as treatment for myofascial pain of the masticatory system. J Oral Rehabil. 2003;30(1):23-28.
- Strack F, Martin LL, Stepper S. Inhibiting and facilitating conditions of the human smile: A nonobtrusive test of the facial feedback hypothesis. J Pers Soc Psychol. 1988;54(5):768-777.

2. 눈 피로 회복을 위한 운동 가이드

- Rosenfield M. Computer vision syndrome: a review of ocular causes and potential treatments. Ophthalmic Physiol Opt. 2011;31(5):502-515.
- Sheppard AL, Wolffsohn JS. Digital eye strain: prevalence, measurement and amelioration. BMJ Open Ophthalmol. 2018;3(1):e000146.
- Scheiman M, Wick B. Clinical Management of Binocular Vision: Heterophoric, Accommodative, and Eye Movement Disorders. 4th ed. Philadelphia (PA): Lippincott Williams & Wilkins; 2014.
- Taub MB, Bartuccio M, Maino D. The effect of accommodative facility training on accommodative response. Optometry. 2010;81(1):28-33.
- Schlote T, Kadner G, Freudenthaler N. Marked reduction and distinct patterns of eye blinking in patients with moderately dry eyes during video display terminal use. Graefes Arch Clin Exp Ophthalmol. 2004;242(4):306-312.
- Anshel JR. Visual ergonomics in the workplace. AAOHN J. 2007;55(10):414-420.

건강을 위한 최고의 선택

3. 의자 생활자의 필수 운동법, Sitraining 가이드

- Owen N, Healy GN, Matthews CE, Dunstan DW. Too much sitting: the population health science of sedentary behavior. Exerc Sport Sci Rev. 2010;38(3):105–113.
- Dunstan DW, Howard B, Healy GN, Owen N. Too much sitting—A health hazard. Diabetes Res Clin Pract. 2012;97(3):368–376.
- Beach TA, Parkinson RJ, Stothart JP, Callaghan JP. Effects of prolonged sitting on the passive flexion stiffness of the in vivo lumbar spine. Spine J. 2005;5(2):145–154.
- McGill SM. Low Back Disorders: Evidence-Based Prevention and Rehabilitation. 3rd ed. Champaign (IL): Human Kinetics; 2015.

5. 전신 균형을 위한 운동 가이드

- Steadman JR, Donaldson J, Kalra S. Biomechanics of balance and stability. Clin Sports Med. 2003;22(3):387–403.
- Horak FB. Postural orientation and equilibrium: what do we need to know about neural control of balance to prevent falls? Age Ageing. 2006;35(S2):ii7–ii11.
- Granacher U, Gollhofer A, Hortobágyi T, Kressig RW, Muehlbauer T. The importance of trunk muscle strength for balance, functional performance, and fall prevention in seniors. Sports Med. 2013;43(7):627–641.
- Howe TE, Rochester L, Neil F, Skelton DA, Ballinger C. Exercise for improving balance in older people. Cochrane Database Syst Rev. 2011;(11):CD004963.
- 백동규. 운동학습과 운동제어. 서울: 대한미디어; 1991.

6. 강력한 코어를 위한 복근 운동 가이드

- McGill SM. Low Back Disorders: Evidence-Based Prevention and Rehabilitation. 3rd ed. Champaign (IL): Human Kinetics; 2016.
- Vera-Garcia FJ, Grenier SG, McGill SM. Abdominal muscle response during curl-ups on both stable and labile surfaces. Phys Ther. 2000;80(6):564–569.
- Escamilla RF, Lewis C, Bell D, Bramblet G, Daffron J, Lambert S, et al. Core muscle activation during Swiss ball and traditional abdominal exercises. J Orthop Sports Phys Ther. 2010;40(5):265–276.

7. 최강의 맨몸 운동, 팔굽혀펴기 가이드

- Calatayud J, Borreani S, Colado JC, Martin F, Rogers ME. Muscle activation during push-ups with different suspension training systems. J Sports Sci Med. 2014;13(3):502–510.
- Cogley RM, Archambault TA, Fibeger JF, Koverman MM, Youdas JW, Hollman JH. Comparison of muscle activation using various hand positions during the push-up exercise. J Strength Cond Res. 2005;19(3):628–633.

1. 동적 스트레칭

- Behm DG, Chaouachi A. A review of the acute effects of static and dynamic stretching on performance. Eur J Appl Physiol. 2011;111(11):2633–2651.

3. 균형 잡힌 몸매를 위한 서서 하는 코어 운동 7가지

- Lee J-H, Kim E-J. The effect of diagonal exercise training for neurorehabilitation on functional activity in stroke patients: a pilot study. Brain Sci. 2023;13(5):799.
- Nystoriak MA, Bhatnagar A. Cardiovascular effects and benefits of exercise. Prog Cardiovasc Dis. 2018;61(2):150–159.

4. 측면 운동으로 부상 예방과 퍼포먼스 향상

- Sherrington C, et al. Exercise to prevent falls in older adults: an updated meta-analysis. Br J Sports Med. 2017;51(24):1750–1758.
- Hrysomallis C. Relationship between balance ability, training and sports injury risk. Sports Med. 2007;37(6):547–556.
- Steadman JR, Donaldson M, Kalra P. Balance training: biomechanical considerations. Clin Sports Med. 2002;21(2):215–234.

6. 부드러운 몸이 만드는 건강, 정적 스트레칭 가이드

- Alter MJ. Science of Flexibility. 3rd ed. Champaign (IL): Human Kinetics; 2004.
- Bandy WD, Irion JM. The effect of time on static stretch on the flexibility of the hamstring muscles. Phys Ther. 1994;74(9):845–850.
- Magnusson SP, Simonsen EB, Aagaard P, et al. Viscoelastic response to repeated static stretching in the human hamstring muscle. Scand J Med Sci Sports. 1995;5(6):342–348.
- McHugh MP, Cosgrave CH. To stretch or not to stretch: the role of stretching in injury prevention and performance. Scand J Med Sci Sports. 2010;20(2):169–181.